친환경 삼베 수세미

친환경 삼베 수세미

초판 1쇄 인쇄 2022년 7월 27일
초판 1쇄 발행 2022년 8월 3일

지은이 아델코바늘·아이네스·꿈나래프렌즈

발행인 장상진
발행처 (주)경향비피
등록번호 제2012-000228호
등록일자 2012년 7월 2일

주소 서울시 영등포구 양평동 2가 37-1번지 동아프라임밸리 507-508호
전화 1644-5613 | **팩스** 02) 304-5613

ⓒ정현아·김은경·김미정

ISBN 978-89-6952-514-7 13630

미세 플라스틱 걱정 없는 건강한 주방 아이템

친환경 삼베 수세미

아델코바늘·아이네스·꿈나래프렌즈 지음

경향BP

처음 삼베실을 접했을 때 '이거다!' 싶어 반가웠습니다. 미세 플라스틱 걱정 없고 자연으로 돌아가는 친환경이라는 부분이 크게 다가왔어요. 집에 있는 수세미를 모두 삼베 수세미로 바꿨습니다. 그리고 삼베실을 좀 더 많은 사람에게 소개해야겠다는 생각이 들었어요.

제가 환경에 조예가 깊다거나 환경 문제에 앞장서는 사람은 결코 아니에요. 매일 설거지를 하는 주부로서, 수세미 뜨기를 좋아하는 뜨개인으로서 환경을 위해 작은 보탬이 될 수 있다면 바로 실천해야겠다는 생각이었어요.

그래서 삼베 수세미 도안을 만들어 블로그에서 나눔을 했습니다. 만드는 방법을 영상으로 찍어서 유튜브에 올렸습니다. 수세미를 만들어 쓰시는 분 중에 한 분이라도 더 이 친환경 수세미를 알았으면 하는 마음이었습니다. 제가 이 책을 쓰는 것도 그때와 같은 마음입니다.

삼베실은 기존 합성 수세미실처럼 화려한 색도 아니고 반짝반짝 예쁘지도 않습니다. 단조로울 정도로 수수한 색이고, 뜨기에도 아주 편하다고 할 수 없어요. 하지만 한두 번 뜨다 보면 처음보다 뜨기가 수월해지고 환경에 도움이 되는 점을 생각하면 사용하는 내내 마음이 뿌듯합니다. 선물할 때도 가치 있는 것을 공유한다는 기분이 들어 뿌듯하고요.

대단히 큰 게 아니더라도 이렇게 환경을 덜 해치는 일을 실천한다는 보람이 있습니다. 여러분도 주부로서, 뜨개인으로서 저와 같은 마음을 느끼시면 좋겠습니다.

지금 시중에는 친환경 삼베실이 몇 종류 없습니다. 소박한 실로도 재미있게 뜰 수 있도록 다양한 수세미 도안을 준비했습니다. 우리가 열심히 사용한다면 점점 친환경실이 많아져서 더욱 다양한 수세미를 만들 수 있는 날이 오지 않을까 기대해 봅니다. 환경을 위한 작은 실천, 수수한 삼베 수세미의 매력에 함께 빠져 보세요.

-아델코바늘

안녕하세요. 아이네스입니다.

제주도에서 농사지으며 아이 키우고 사는 저는 뜨개질을 취미 생활로 하고 있습니다. 뜨개질은 바쁘고 힘든 일상 속에서 위안을 주고 힘이 되어 주어요.

중학교 때 처음 뜨개질을 배웠는데 그때는 친구들과 어울리는 게 좋아서 크게 관심을 갖지 않았어요. 결혼 후 임신을 하면서 태교로 뜨개질을 본격적으로 시작했고, 그 아이가 중학교 2학년이 된 지금까지도 즐겁게 하고 있어요. 옷을 만들기도 하고 모자, 가방, 수세미 등 소품도 만들어서 공유하며 SNS에서 활동하고 있습니다.

수세미 뜨개는 뜨기 쉬워서 빨리 완성할 수 있고, 어렵지 않으면서 재미있고 즐겁게 할 수 있는 작품들을 만들고 싶어서 시작했는데 이렇게 출간까지 하게 되어 정말 감격스럽습니다. 여러분도 한 코 한 코 수세미를 뜨면서 힐링하는 시간이 되면 좋겠습니다.

-아이네스

주부의 삶이 지루할 때쯤 손뜨개를 접했습니다. 독학으로 한 땀 한 땀 정성껏 수세미 뜨기를 배워 직접 만든 수세미를 지인들께 선물했을 때의 기쁨을 잊을 수가 없습니다.

이후 가방, 모자, 옷을 뜨게 되면서 '뜨개'라는 새로운 장르에 매료되었습니다. 예쁜 수세미와 실용적인 수세미 그리고 여러 작품을 창작하면서 SNS 활동을 시작하였고, 블로그 이웃님들과 소통하며 재미있게 지내고 있습니다.

삼베 수세미는 아크릴 수세미나 폴리 수세미와는 다른 매력을 지녔습니다. 화려하지 않지만 단정하고 깔끔해서 색다른 개성이 있습니다.

환경을 먼저 생각하는 삼베 수세미 책이 출간되어 기쁘고 조금이나마 제로웨이스트를 실천한다는 마음에 뿌듯합니다.

자연을 생각하는 삼베 수세미로 환경 보호를 위해 함께 걸어가 볼까요?

-꿈나래프렌즈

목차

아델코바늘

아이네스

꿈나래프렌즈

삼베의 특징

- 삼베는 친환경 섬유로 미세 플라스틱이 나오지 않습니다.

- 세척력이 좋아 따로 세제를 사용하지 않아도 잘 닦입니다.

- 삼베 섬유는 항균·항독 성능이 있고, 방풍성이 좋습니다.

- 삼베는 내구성이 뛰어나고 강도가 우수합니다.

- 조금 거친 느낌의 실인 데다 잘 엉켜서 뜨개를 할 때 다소 불편할 수 있습니다.
  조금 엉켰을 때는 그대로 잡고 뜨고, 많이 엉켰을 때는 엉킨 부분을 잘라 내고
  이어서 뜹니다. 볼 바깥에서부터 실을 조금씩 풀어 사용하면 엉키는 걸 방지할
  수 있습니다.

삼베 수세미 재료

삼베실 : 수세미용으로 판매되는 삼베실 사용을 추천합니다. 몇 곳의 브랜드에서 수세미용 삼베실을 판매
하고 있어 취향껏 선택하면 됩니다. 이 책에서는 예고은 삼베실과 일반 삼베실을 사용했습니다.
  온라인 구입처 : 아델코바늘 스토어 smartstore.naver.com/byadel
  오프라인 구입처 : 동대문 종합상가 A동 지하

코바늘 : 손잡이가 실리콘으로 된 코바늘이 장시간 사용해도 손목에 무리가 덜 갑니다. 삼베 수세미는 느슨
하게 뜨는 것이 좋으니 평소 사용하는 호수보다 1~2호 큰 것으로 사용하면 좋습니다.

가위 : 절삭력이 좋은 작은 가위를 사용합니다.

돗바늘 : 남은 실을 편물에 감춰서 정리할 때 사용합니다.

단수링 : 시작코와 중요한 위치를 표시할 때 사용합니다.

재료 구입처

실과 코바늘 잡기

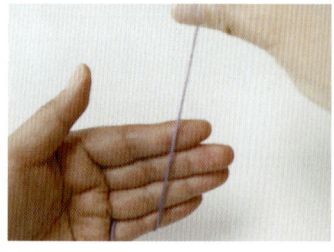

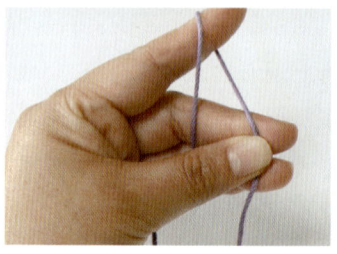

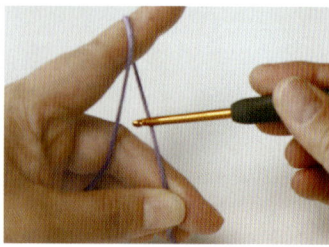

01 오른손으로 실을 잡아당겨 왼손 넷째 손가락과 다섯째 손가락 사이에 실을 걸어 주세요.

02 둘째 손가락 위로 실을 걸고 둘째 손가락과 셋째 손가락 사이로 실 끝을 잡아 주세요.

03 연필 잡듯이 바늘을 잡고 실 위로 놓아 주세요.

평면사슬뜨기 ⬭

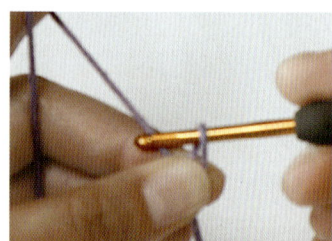

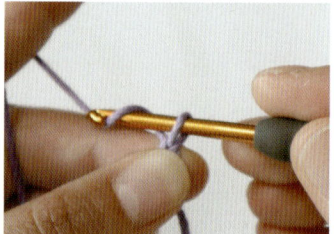

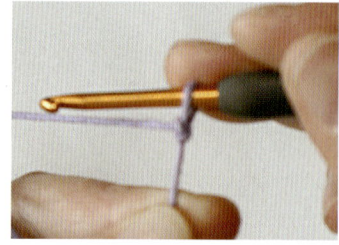

01 실과 코바늘 잡는 방법대로 실을 잡아 주고, 바늘을 실 앞쪽으로 한 바퀴 돌려 주세요.

02 바늘에 실을 걸어 빼 주세요.

03 실 끝을 잡아당겨 조여 주세요.

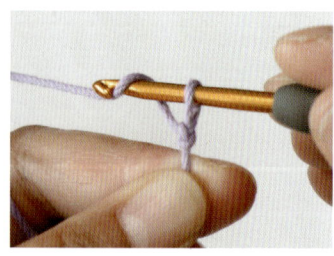

04 바늘에 실을 걸어 화살표 방향대로 빼 주세요.

05 사슬뜨기를 반복해서 떠 주세요.

짧은뜨기로 원형뜨기

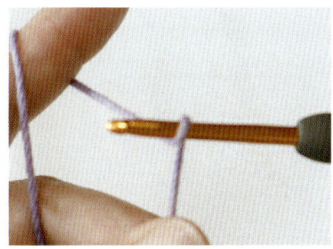

01 사슬뜨기를 뜨듯이 바늘을 실에 걸어 원형을 만들어 주세요.

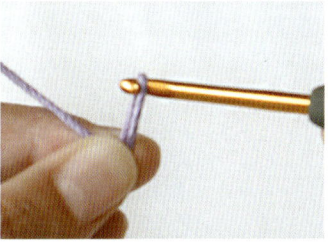

02 바늘에 걸린 실을 위로 빼 주고, 밑부분을 엄지손가락과 셋째 손가락으로 잡아 주세요.

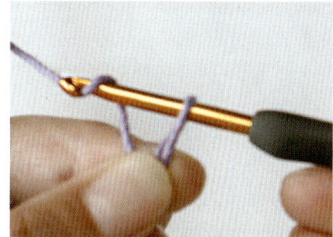

03 바늘에 실을 감아 주세요.

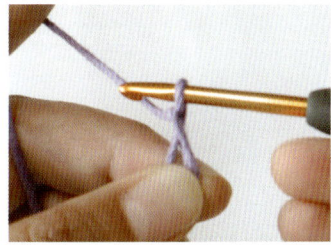

04 원형을 만든 첫 번째 고리 안으로 빼 주세요.

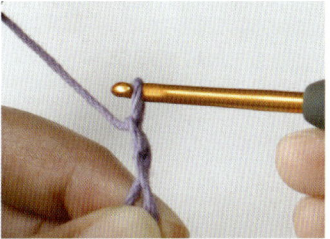

05 짧은뜨기 기둥코를 만들기 위해 사슬뜨기를 한 번 더 해 주세요.

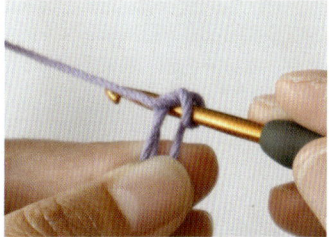

06 처음 만들었던 원형코 안에 바늘을 넣어 주세요.

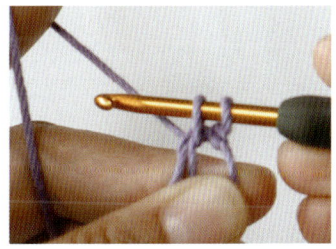

07 바늘에 실을 걸어 빼 주면 바늘 위에 실이 2개가 걸려 있어요.

08 실을 걸어 바늘 위에 있는 실 2개를 한꺼번에 빼 주세요.

09 같은 방법으로 짧은뜨기를 원하는 만큼 반복해서 떠 주세요.

10 처음 원형 만들기를 했을 때 남아 있는 실을 잡아당겨 가운데 구멍이 작아지게 만들어 주세요.

11 짧은뜨기로 원형이 만들어진 모습이에요.

12 처음 시작한 코에 바늘을 넣어 빼뜨기로 원형을 이어 주세요.

평면으로 짧은뜨기

01 원하는 길이만큼 사슬뜨기를 떠
주세요.

02 사슬코에 바늘을 넣고 바늘에 실
을 걸어 앞으로 빼 주세요.

03 바늘에 2가닥의 실이 걸려 있을
때 실을 다시 한 번 감아서 빼 주
세요.

04 짧은뜨기를 한 모습이에요.

05 2~3번을 반복해서 짧은뜨기를
완성한 모습이에요.

빼뜨기 없이 원형뜨기(나선형뜨기)

01 빼뜨기 없이 원형뜨기를 할 때
표시할 수 있는 마커링을 준비해
주세요. 원형으로 원하는 개수만
큼 짧은뜨기를 떠 주세요.

02 처음 만들어진 짧은뜨기 코에 마
커링으로 표시를 해 주세요.

03 마커링이 걸린 자리에 바늘을 넣
고 짧은뜨기를 떠 주세요.

04 다음 단의 첫코가 돼요.

빼뜨기

01 사슬뜨기를 떠 주세요.

02 두 번째 사슬코에 바늘을 넣고 바늘에 실을 걸어 고리 사이로 다 빼 주세요.

03 빼뜨기한 모습이에요.

04 빼뜨기를 여러 번 반복한 모습이 에요.

이랑짧은뜨기 ✕

01 반 코에 바늘을 넣어 주세요.

02 바늘에 실을 걸어 빼 주세요.

03 짧은뜨기를 떠 주세요.

04 이랑뜨기로 짧은뜨기한 모습이
   에요.

앞걸어짧은뜨기 ⌇

01 앞단 기둥에 바늘을 넣어 주세
   요.

02 바늘에 실을 감아 주세요.

03 바늘에 감긴 실을 기둥으로 빼서
   짧은뜨기를 떠 주세요.

04 앞걸어짧은뜨기한 모습이에요.

05 앞걸어짧은뜨기를 한 줄 한 모습
이에요.

뒤걸어짧은뜨기 ꈡ

01 앞단 기둥에 바늘을 뒤로 넣어
주세요.

02 바늘에 실을 걸어 주세요.

03 실을 빼 주면 실이 2가닥 만들어
져요.

04 실을 한 번 더 걸고 2가닥 사이로
빼 주세요.

05 뒤걸어짧은뜨기를 여러 번 한 모
습이에요.

긴뜨기 T

01 사슬뜨기를 떠 주세요.

02 바늘에 실을 감아 주세요.

03 떠야 할 위치의 사슬코에 바늘을 넣어 주세요.

04 바늘에 실을 다시 한 번 감아 주세요.

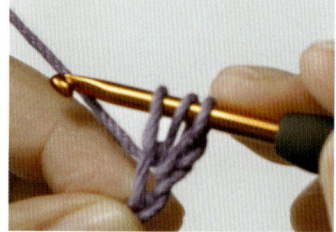

05 바늘에 걸린 실을 사슬코 앞으로 빼 주세요. 그럼 바늘에 실이 3개가 걸려 있어요.

06 바늘에 실을 다시 한 번 감아 주세요.

07 실을 한 번에 다 빼 주세요.

08 긴뜨기한 모습이에요.

앞걸어긴뜨기

01 바늘에 실을 감아 주세요.

02 앞단의 기둥 앞으로 바늘을 넣어 주세요.

03 실을 바늘에 걸어 기둥을 통과하며 빼 주세요.

04 바늘에 실이 3개 걸려 있어요.

05 바늘에 실을 다시 한 번 감아 바늘에 걸린 실 3개를 한꺼번에 빼 주세요.

06 앞걸어긴뜨기한 모습이에요.

뒤걸어긴뜨기

01 바늘에 실을 감아 주세요.

02 앞단 기둥 뒤로 바늘을 넣어 주세요.

03 바늘에 실을 감아 바늘 넣은 곳으로 빼 주세요.

04 바늘에 실이 3개 걸려 있어요.

05 바늘에 실을 다시 한 번 감아 바늘에 걸린 실 3개를 한꺼번에 빼 주세요.

06 뒤걸어긴뜨기한 모습이에요.

한길긴뜨기

01 기둥코 사슬뜨기 3코를 떠 주세요.

02 바늘에 실을 한 번 감아 주세요.

03 코에 바늘을 넣어 주세요.

04 바늘에 실을 다시 한 번 감아 주세요.

05 바늘에 걸린 실을 앞쪽으로 빼 주세요.

06 바늘에 실을 다시 한 번 감아 주세요.

07 앞쪽 고리 2개를 한 번에 떠 주세요.

08 바늘에 실을 다시 한 번 감아 바늘에 걸린 고리 2개를 한 번에 떠 주세요.

앞걸어한길긴뜨기

01 기둥코 사슬뜨기 3코를 떠 주세요.

02 바늘에 실을 한 번 감아 주세요.

03 기둥이 앞쪽으로 오도록 바늘을 넣어 주세요.

04 바늘에 실을 다시 한 번 감아 주세요.

05 기둥 사이로 실을 빼 주세요.

06 바늘에 실을 다시 한 번 감아 주세요.

07 앞에 걸린 고리 2개를 한 번에 떠 주세요.

08 바늘에 실을 다시 한 번 감은 뒤 고리 2개를 한 번에 떠 주세요.

뒤걸어한길긴뜨기

01 기둥코 사슬뜨기 3코를 떠 주세요.

02 바늘에 실을 한 번 감아 주세요.

03 기둥이 바늘의 뒤쪽으로 가도록 바늘을 넣어 주세요.

04 바늘에 실을 다시 한 번 감아 주세요.

05 바늘에 걸린 실을 기둥에서 빼 주세요.

06 바늘에 실을 다시 한 번 감아 주세요.

07 앞에 걸린 고리 2개를 한 번에 떠 주세요.

08 바늘에 실을 다시 한 번 감아 주세요.

09 바늘에 걸린 고리 2개를 한 번에 떠 주세요.

두길긴뜨기

01 기둥코 사슬뜨기 4코를 떠 주세요.

02 바늘에 실을 2번 감아 주세요.

03 코에 바늘을 넣어 주세요.

04 바늘에 실을 한 번 감아 주세요.

05 바늘에 걸린 실을 앞쪽으로 빼 주세요.

06 바늘에 고리가 4개 있어요. 바늘에 실을 다시 한 번 감아 주세요.

07 고리 4개 중 앞쪽 2개를 한 번에 떠 주세요.

08 바늘에 실을 다시 한 번 감아 주세요.

09 앞쪽 2코를 떠 주세요.

10 바늘에 실을 다시 한 번 감아 고리 2개를 한 번에 떠 주세요.

세길긴뜨기 ⫶

01 기둥코 사슬뜨기 5코를 떠 주세요.

02 바늘에 실을 3번 감아 주세요.

03 코에 바늘을 넣어 주세요.

04 바늘에 실을 한 번 감아 앞쪽으로 빼 주세요.

05 바늘에 실을 다시 한 번 감아 앞쪽 고리 2개를 한 번에 떠 주세요.

06 바늘에 실을 다시 한 번 감아 앞쪽 고리 2개를 한 번에 떠 주세요.

07 바늘에 실을 다시 한 번 감아 주세요.

08 바늘에 걸린 고리 2개를 한 번에 떠 주세요.

한길긴뜨기 2코 구슬뜨기

» TIP
같은 방법으로 3코 구슬뜨기, 4코 구슬뜨기, 5코 구슬뜨기를 할 수 있습니다.

01 기둥코 사슬뜨기 3코를 떠 주세요.

02 바늘에 실을 한 번 감아 주세요.

03 코에 바늘을 넣어 주세요.

04 바늘에 실을 다시 한 번 감아 주세요.

05 바늘에 걸린 고리를 앞으로 빼 주세요.

06 바늘에 실을 한 번 감아 앞쪽 고리 2개를 한 번에 떠 주세요.

07 바늘에 실을 다시 한 번 감아 주세요.

08 같은 코에 바늘을 넣어 주세요.

09 바늘에 실을 한 번 감아 빼 주세요.

10 바늘에 실을 다시 한 번 감아 주세요.

11 바늘에 고리가 3코 걸려 있어요.

12 바늘에 실을 한 번 감아 3코를 한 번에 떠 주세요.

한길긴뜨기 4코 팝콘뜨기

» TIP
같은 방법으로 5코 팝콘뜨기를 할 수 있습니다.

01 기둥코 사슬뜨기 3코를 떠 주세요.

02 바늘에 실을 한 번 감아 주세요.

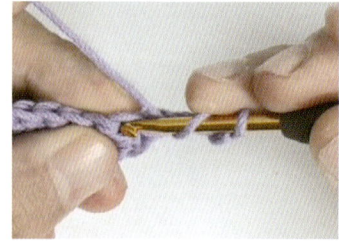

03 코에 바늘을 넣어 주세요.

04 바늘에 실을 한 번 감아 주세요.

05 바늘에 걸린 실을 앞쪽으로 빼 주세요.

06 바늘에 실을 다시 한 번 감아 주세요.

07 앞쪽 고리 2개를 한 번에 떠 주세요.

08 바늘에 실을 다시 한 번 감아 주세요.

09 고리 2개를 한 번에 떠 주세요. 한길긴뜨기 1코를 떠 주었어요.

10 같은 코에 같은 방법으로 한길긴뜨기 1코를 더 떠 주세요. 한길긴뜨기 2코를 떠 주었어요.

11 다시 같은 코에 같은 방법으로 한길긴뜨기 1코를 더 떠 주세요. 한길긴뜨기 3코를 떠 주었어요.

12 다시 한 번 더 같은 코에 같은 방법으로 한길긴뜨기 1코를 더 떠 주세요. 한길긴뜨기 4코를 떠 주었어요.

13 코에 걸린 바늘을 빼서 한길긴뜨기 첫코에 바늘을 넣어 주세요.

14 마지막 코에 걸려 있는 코도 바늘에 걸어 주세요.

15 마지막 코를 첫코 사이로 빼 주세요.

16 바늘에 실을 감아 1코 떠 주세요.

짧은뜨기 2코 늘려뜨기

» **TIP**
같은 방법으로 3코 늘려뜨기를 할 수 있습니다.

01 기둥코 사슬뜨기 1코를 떠 주세요.

02 같은 코에 바늘을 넣어 주세요.

03 바늘에 실을 한 번 감아 주세요.

04 바늘에 걸린 실을 앞쪽으로 빼 주세요.

05 바늘에 실을 다시 한 번 감아 주세요.

06 고리 2개를 한 번에 떠 주세요.

07 같은 코에 다시 바늘을 넣어 주
세요.

08 바늘에 실을 한 번 감아 주세요.

09 바늘에 걸린 실을 앞쪽으로 빼
주세요.

10 바늘에 실을 다시 한 번 감아 주
세요.

11 고리 2개를 한 번에 떠 주세요.

긴뜨기 2코 늘려뜨기

» TIP
같은 방법으로 3코 늘려뜨기, 4코 늘려뜨기, 5코 늘려뜨기를 할 수 있습니다.

01 기둥코 사슬뜨기 2코를 떠 주세
요.

02 바늘에 실을 한 번 감아 주세요.

03 코에 바늘을 넣어 실을 한 번 감
아 앞쪽으로 빼 주세요.

04 바늘에 실을 다시 한 번 감아 주
세요.

05 바늘에 걸린 고리 3개를 한 번에
떠 주세요.

06 바늘에 실을 다시 한 번 감아 주
세요.

07 같은 코에 바늘을 넣어 바늘에 실을 한 번 감은 후 앞쪽으로 빼 주세요.

08 바늘에 실을 다시 한 번 감아 주세요.

09 바늘에 걸린 고리 3개를 한 번에 떠 주세요.

한길긴뜨기 2코 늘려뜨기

» TIP
같은 방법으로 3코 늘려뜨기, 4코 늘려뜨기, 5코 늘려뜨기를 할 수 있습니다.

01 기둥코 사슬뜨기 3코를 떠 주세요.

02 바늘에 실을 한 번 감아 주세요.

03 코에 바늘을 넣어 주세요.

04 바늘에 실을 한 번 감아 주세요.

05 바늘에 걸린 실을 앞쪽으로 빼 주세요.

06 바늘에 실을 다시 한 번 감아 주세요.

07 앞쪽 고리 2개를 한 번에 떠 주세요.

08 바늘에 실을 다시 한 번 감아 고리 2개를 한 번에 떠 주세요.

09 바늘에 실을 다시 한 번 감아 주세요.

10 같은 코에 바늘을 넣어 실을 한 번 감아 코 앞쪽으로 빼 주세요.

11 바늘에 실을 다시 한 번 감아 주세요.

12 앞쪽 고리 2개를 한 번에 떠 주세요.

13 바늘에 실을 다시 한 번 감아 주세요.

14 나머지 고리 2개도 한 번에 떠 주세요.

짧은뜨기 2코 모아뜨기

» **TIP**
같은 방법으로 3코 모아뜨기, 4코 모아뜨기, 5코 모아뜨기를 할 수 있습니다.

01 기둥코 사슬뜨기 1코를 떠 주세요.

02 같은 코에 바늘을 넣어 주세요.

03 바늘에 실을 한 번 감아 코 앞쪽으로 빼 주세요.

04 다음 코에 바늘을 넣어 주세요.

05 바늘에 실을 한번 감아 주세요.

06 바늘에 걸린 실을 앞쪽으로 빼 주세요.

07 바늘에 걸린 고리를 한 번에 떠
주세요.

앞걸어한길긴뜨기 2코 모아뜨기

» TIP
같은 방법으로 3코 모아뜨기, 4코 모아뜨기를 할 수 있습니다.

01 기둥코 사슬뜨기 3코를 떠 주세
요.

02 바늘에 실을 한 번 감아 주세요.

03 기둥이 앞쪽으로 오도록 바늘을
넣어 주세요.

04 바늘에 실을 한 번 감아 바늘에
걸린 실을 기둥에서 빼 주세요.

05 바늘에 실을 감아 앞쪽 고리 2개
를 한 번에 떠 주세요.

06 바늘에 실을 다시 한 번 감아 주
세요.

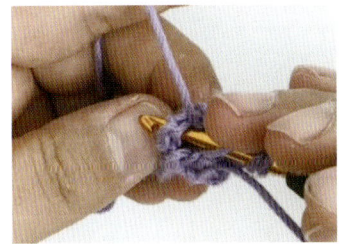

07 다음 기둥이 앞쪽으로 오도록 바
늘을 넣어 주세요.

08 바늘에 실을 한 번 감아 바늘에
걸린 실을 기둥에서 빼 주세요.

09 바늘에 실을 한 번 감아 앞쪽 고
리 2개를 한 번에 떠 주세요.

10 바늘에 실을 다시 한 번 감은 뒤
고리 3개를 한 번에 떠 주세요.

앞걸어한길긴뜨기 2코 늘려뜨기

» **TIP**
같은 방법으로 3코 늘려뜨기, 4코 늘려뜨기, 5코 늘려뜨기를 할 수 있습니다.

01 기둥코 사슬뜨기 3코를 떠 주세요.

02 바늘에 실을 한 번 감아 주세요.

03 기둥이 앞쪽으로 오도록 바늘을 넣어 주세요.

04 바늘에 실을 한 번 감아 주세요.

05 바늘에 걸린 실을 기둥에서 빼 주세요.

06 바늘에 실을 다시 한 번 감아 주세요.

07 앞쪽 고리 2개를 한 번에 떠 주세요.

08 바늘에 실을 다시 한 번 감아 주세요.

09 나머지 고리 2개를 한 번에 떠 주세요.

10 바늘에 실을 다시 한 번 감아 주세요.

11 같은 기둥이 앞쪽으로 오도록 바늘을 넣어 주세요.

12 바늘에 실을 한 번 감아 주세요.

13 바늘에 걸린 실을 기둥에서 빼주세요.

14 바늘에 실을 다시 한 번 감아 주세요.

15 앞쪽 고리 2개를 한 번에 떠 주세요.

16 바늘에 실을 다시 한 번 감아 주세요.

17 나머지 고리 2개를 한 번에 떠 주세요.

뒤걸어한길긴뜨기 2코 늘려뜨기

»TIP
같은 방법으로 3코 늘려뜨기, 4코 늘려뜨기, 5코 늘려뜨기를 할 수 있습니다.

01 기둥코 사슬뜨기 3코를 떠 주세요.

02 바늘에 실을 한 번 감아 주세요.

03 기둥이 바늘 뒤쪽으로 오도록 바늘을 넣어 주세요.

04 바늘에 실을 한 번 감아 주세요.

05 바늘에 걸린 실을 기둥에서 빼 주세요.

06 바늘에 실을 다시 한 번 감아 주 세요.

07 앞쪽 고리 2개를 한 번에 떠 주세 요.

08 바늘에 실을 다시 한 번 감아 주 세요.

09 나머지 고리 2개를 한 번에 떠 주 세요.

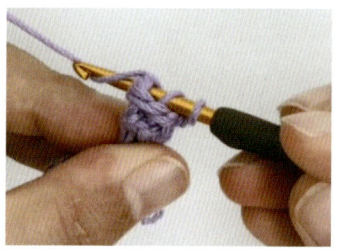

10 바늘에 실을 한 번 감아 주세요.

11 같은 기둥이 뒤쪽으로 오도록 바 늘을 넣어 주세요.

12 바늘에 실을 한 번 감아 주세요.

13 바늘에 걸린 실을 기둥에서 빼 주세요.

14 바늘에 실을 다시 한 번 감아 주 세요.

15 앞쪽 고리 2개를 한 번에 떠 주세 요.

16 바늘에 실을 다시 한 번 감아 주 세요.

17 나머지 고리 2개도 한 번에 떠 주 세요.

자수 백스티치

» TIP
자수를 놓기 전에 밑그림을 먼저 그려 주면 좋습니다.

01 돗바늘에 실을 꿰어 편물의 뒷면 에서 앞면을 향해 넣어 주세요.

02 원하는 길이만큼 바늘을 잡아당 겨 실의 길이를 조절해 주세요.

03 바늘을 앞면에서 뒷면을 향해 넣 어 주세요.

04 바늘을 잡아 당겨 주세요.

05 같은 방법으로 계속 반복하면서 원하는 모양에 맞게 바느질해 주 세요.

아델코바늘
삼베 수세미

사과 원형 수세미

난이도
○
○
●

완성 사이즈 지름 14cm
사용실 예고은 삼베실(1번 수세미실 1겹) 약 9g
사용바늘 모사용 코바늘 7/0호(4.0mm)

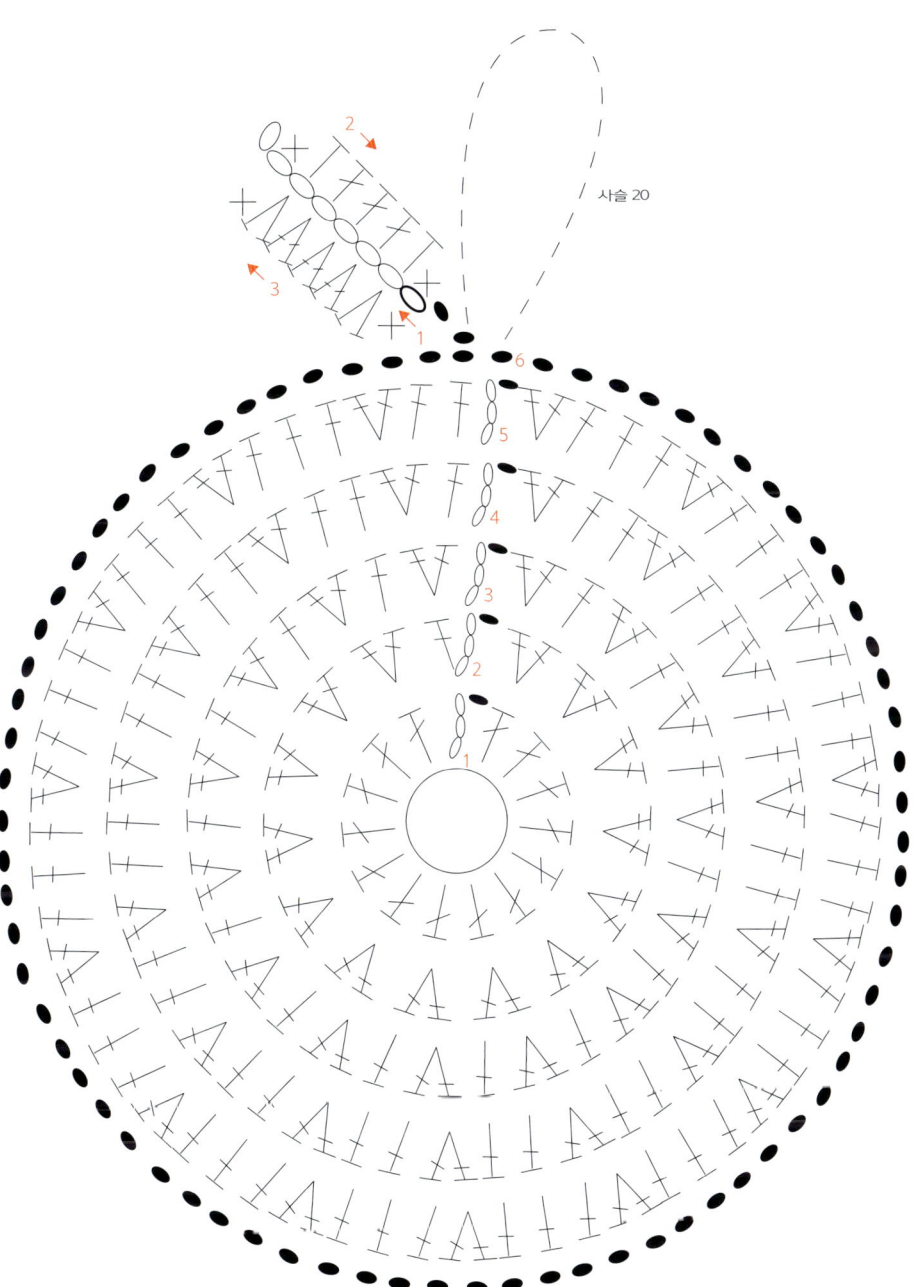

사슬 20

매직링으로 시작

1단 : 한길긴뜨기 15(총 15코)

2단 : 코늘림 15(총 30코)

3단 : (한길긴뜨기, 코늘림)×5(총 45코)

4단 : (한길긴뜨기 2, 코늘림)×5(총 60코)

5단 : (한길긴뜨기 3, 코늘림)×5(총 75코)

6단 : 코마다 빼뜨기(총 75코)

고리 : 사슬뜨기 20, 빼뜨기로 연결

잎사귀 : 사슬뜨기 8, 두 번째 사슬코부터 짧은뜨기, 긴뜨기, 한길긴뜨기 3, 긴뜨기, 짧은뜨기, 빼뜨기로 본체에 연결, 방향 바꿔서 짧은뜨기, 긴뜨기 코늘림, 한길긴뜨기 코늘림 3, 긴뜨기 코늘림, 짧은뜨기

실 정리 후 마무리

01 매직링을 만들고 사슬뜨기 3개를 떠 주세요.

02 한길긴뜨기 14개를 떠 주세요.(기둥코 포함 총 15코)

03 오므려서 빼뜨기로 1단을 마무리해 주세요.

04 1코에 한길긴뜨기 2개로 코늘림을 해 주세요.

05 코마다 코늘림을 계속 반복해 주세요.

06 한길긴뜨기 1개를 뜨고, 다음 코에 한길긴뜨기 코늘림을 해 주세요.

07 (한길긴뜨기, 코늘림)을 반복해 주세요.

08 한길긴뜨기 2개를 뜨고, 다음 코에 한길긴뜨기 코늘림을 해 주세요.

09 (한길긴뜨기 2, 코늘림)을 반복해 주세요.

10 한길긴뜨기 3개를 뜨고, 다음 코에 한길긴뜨기 코늘림을 해 주세요.

11 (한길긴뜨기 3, 코늘림)을 반복해 주세요.

12 코미디 빼뜨기를 1개씩 해 주세요.

13 테두리 전체에 빼뜨기를 반복해 주세요.

14 사슬뜨기 20개를 떠 주세요.

15 첫코에 빼뜨기해 주세요.

16 사슬뜨기 8개를 떠 주세요.

17 두 번째 사슬부터 짧은뜨기, 긴뜨기, 한길긴뜨기 3개, 긴뜨기, 짧은뜨기를 떠 주세요.

18 수세미 첫코에 빼뜨기하고 뜨개 방향을 바꿔 주세요.

19 짧은뜨기, 긴뜨기 2개, 한길긴뜨기 2개씩 3번,
긴뜨기 2개, 짧은뜨기를 떠 주세요.

20 완성이에요.

나뭇잎 수세미

난이도

완성 사이즈 가로 21cm×세로 14cm(고리 제외)
사용실 예고은 삼베실(1번 수세미실 2겹) 약 18g
사용바늘 모사용 코바늘 9/0호(5.5mm)

5~12단 반복

12단 고리

사슬 14

시작 →

← 3

← 1

← 2

← 4

실 두 줄, 사슬뜨기 13개로 시작

1단 : 사슬뜨기 1, 짧은뜨기 12, 마지막 코에 짧은뜨기 3, 짧은뜨기 11

2단 : 사슬뜨기 1, 방향 바꿈, 이랑짧은뜨기 12, 마지막 코에 짧은뜨기 3, 이랑짧은뜨기 11

3~11단 : 2단을 계속 반복

12단 : 사슬뜨기 1, 방향 바꿈, 이랑짧은뜨기 12, 마지막 코에 (짧은뜨기 1, 사슬뜨기 14, 짧은뜨기 1), 이랑짧은뜨기 11

실 정리 후 마무리

01 사슬뜨기 13개를 떠 주세요.

02 사슬뜨기 1개를 뜨고, 두 번째 사슬부터 짧은뜨기 12개를 떠 주세요. 마지막 코에 짧은뜨기 3개를 떠 주세요.(3개 중 가운데 코에 표시)

03 사슬 반대쪽도 짧은뜨기 11개를 떠 주세요.

04 사슬뜨기 1개를 뜨고, 뜨개 방향을 바꿔서 이랑짧은뜨기 12개를 뜨고, 마지막 코에 짧은뜨기 3개를 떠 주세요.(3개 중 가운데 코에 표시)

05 이랑짧은뜨기 11개를 떠 주세요.

06 4~5번 과정을 총 11단까지 반복해 주세요.

07 사슬뜨기 1개를 뜨고, 뜨개 방향을 바꿔서 이랑짧은뜨기 12개를 뜨고, 마지막 코에 (짧은뜨기, 사슬뜨기 14, 짧은뜨기)를 떠 주세요.

08 고리를 만든 뒤 이랑짧은뜨기 11개를 떠 주세요.

09 완성이에요.

도일리 수세미

난이도

완성 사이즈 지름 15.5cm
사용실 예고은 삼베실(1번 수세미실 2겹) 약 18g
사용바늘 모사용 코바늘 9/0호(5.5mm)

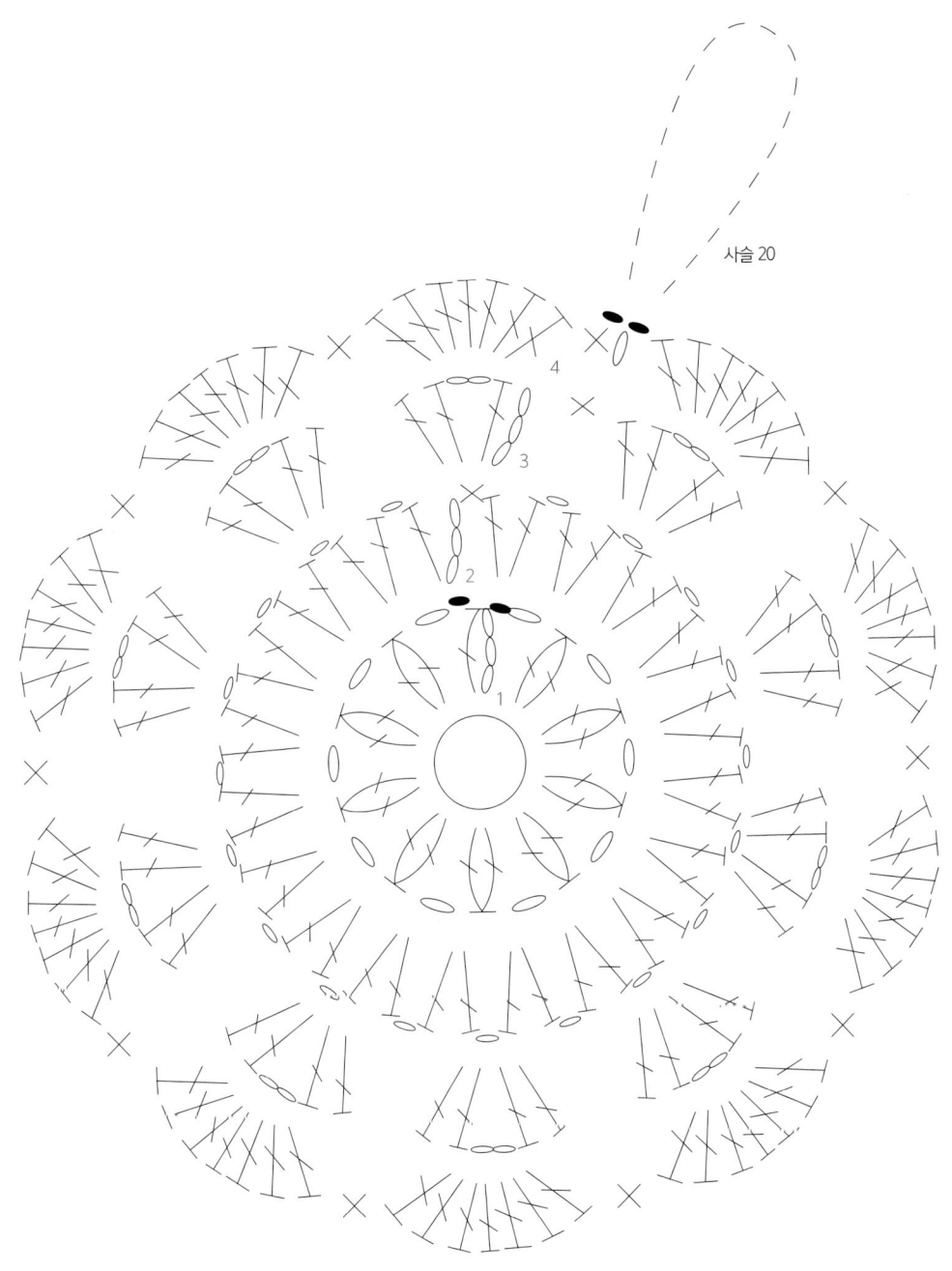

사슬 20

실 두 줄, 매직링으로 시작

1단 : (한길긴뜨기 2코 구슬뜨기, 사슬뜨기)×10

2단 : 빼뜨기 이동, (한길긴뜨기 2, 사슬뜨기, 한길긴뜨기 2, 사슬뜨기)×10(마지막은 빼뜨기 대신 짧은뜨기)

3단 : (한길긴뜨기 2, 사슬뜨기 2, 한길긴뜨기 2)×10(마지막은 빼뜨기 대신 짧은뜨기)

4단 : (짧은뜨기, 한길긴뜨기 7)×10

고리 : 빼뜨기, 사슬뜨기 20, 빼뜨기

실 정리 후 마무리

01 매직링을 만들어 주세요.

02 한길긴뜨기 2코 구슬뜨기, 사슬뜨기를 떠 주세요.

03 힌길긴뜨기 2코 구슬뜨기, 사슬뜨기를 반복해 주세요.

04 총 10번 떠 주세요.

05 오므린 후 마지막은 짧은뜨기로 단을 마무리 해 주세요.

06 한길긴뜨기 2개, 사슬뜨기 1개, 한길긴뜨기 2개, 사슬뜨기 1개를 떠 주세요.

07 (한길긴뜨기 2, 사슬뜨기, 한길긴뜨기 2, 사슬뜨기)를 총 10번 떠 주세요.

08 한길긴뜨기 2개, 사슬뜨기 2개, 한길긴뜨기 2개를 떠 주세요.

09 총 10번 반복해 주세요. 마지막은 짧은뜨기로 단을 마무리해 주세요.

10 첫코에 사슬뜨기, 짧은뜨기를 떠 주세요.

11 다음 공간에 한길긴뜨기 7개를 떠 주세요.

12 (공간에 짧은뜨기, 다음 공간에 한길긴뜨기 7)을 반복해 주세요.

13 총 10번 반복해 주세요.

14 사슬뜨기 20개를 뜬 후 빼뜨기해 주세요.

15 완성이에요.

레이스 사각 수세미

난이도
○○
●

완성 사이즈 가로 16cm×세로 16cm(레이스 포함)
사용실 예고은 삼베실(1번 수세미실 1겹) 약 24g
사용바늘 모사용 코바늘 7/0호(4.0mm)

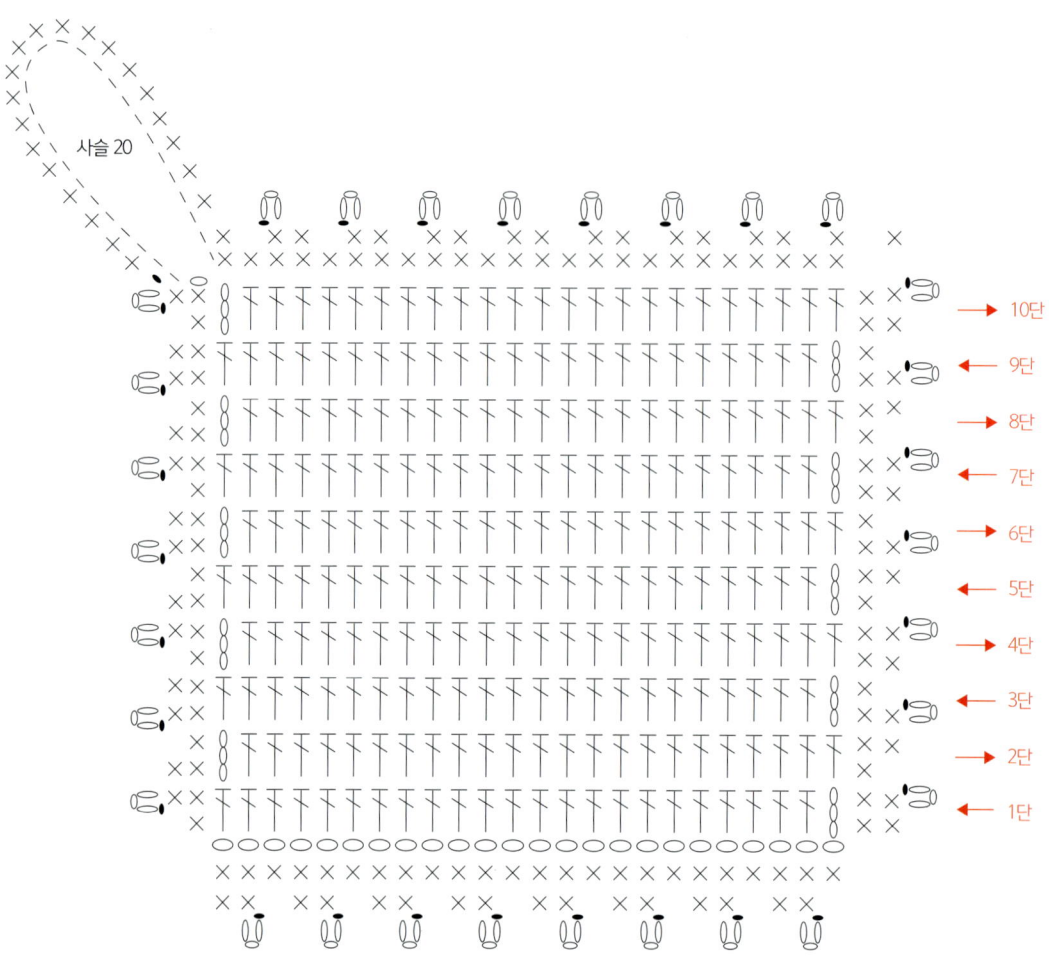

사슬 20

10단
9단
8단
7단
6단
5단
4단
3단
2단
1단

사슬뜨기 24개로 시작

1단 : 사슬뜨기 3, 한길긴뜨기 1개씩

2단 : 사슬뜨기 3, 방향 바꿈, 한길긴뜨기 1개씩

3~10단 : 사슬뜨기 3, 방향 바꿈, 한길긴뜨기 1개씩

1~10단까지 하나 더 만든다. 편물 2개를 포개 놓고 다음 단을 시작한다.

11단 : 짧은뜨기 단마다 2개씩, 코마다 1개씩

고리 : 사슬뜨기 20개

12단 : 피코뜨기(짧은뜨기, 사슬뜨기 3, 빼뜨기, 1코 건너뛰고 짧은뜨기) 반복

고리 : 사슬에 짧은뜨기 1개씩 20

실 정리 후 마무리

01 사슬뜨기 24개를 떠 주세요.

02 사슬뜨기 3개를 뜨고, 다섯 번째 사슬부터 한 길긴뜨기를 1개씩 떠 주세요.

03 코마다 한길긴뜨기를 1개씩 반복해서 떠 주세요.(기둥코 포함 총 24코)

04 사슬뜨기 3개로 기둥코를 떠 주세요.

05 뜨개 방향을 바꿔서 두 번째 코에 한길긴뜨기를 떠 주세요.

06 코마다 한길긴뜨기를 끝까지 떠 주세요.

07 사슬뜨기 3개를 뜨고, 뜨개 방향을 바꿔서 두 번째 코에 한길긴뜨기를 떠 주세요.

08 코마다 한길긴뜨기를 끝까지 떠 주세요.

09 코마다 한길긴뜨기를 1개씩 총 10단을 떠 주세요.

10 같은 편물을 하나 더 떠 주세요.(두 번째 편물은 실을 자르지 않아요.)

11 2장을 포개 놓고 사슬뜨기 1개를 뜨고, 단마다 짧은뜨기 2개를 떠 주세요.

12 단마다 짧은뜨기 2개를 끝까지 반복해 주세요.

13 다음 변은 코마다 짧은뜨기를 1개씩 떠 주세요.

14 코마다 짧은뜨기를 1개씩 변 끝까지 떠 주세요.

15 테두리 전체에 짧은뜨기를 떠 주세요.

16 빼뜨기를 하기 전에 사슬뜨기 20개를 떠 주세요.

17 첫코에 빼뜨기로 고리를 만들어 주세요.

18 첫코에 짧은뜨기, 시슬뜨기 3개, 빼뜨기, 1코 건너뛰고 짧은뜨기를 떠 주세요.

19 짧은뜨기, 사슬뜨기 3개, 빼뜨기, 1코 건너뛰고 짧은뜨기를 떠 주세요.

20 레이스 뜨기를 반복해서 테두리를 모두 떠 주세요.

21 사슬고리에도 짧은뜨기를 1개씩 떠 주세요.

22 첫코에 빼뜨기로 마무리하면 완성이에요.

육각 눈송이 수세미

난이도
○
●

완성 사이즈 지름 15.5cm
사용실 예고은 삼베실(1번 수세미실 1겹) 약 13g
사용바늘 모사용 코바늘 7/0호(4.0mm)

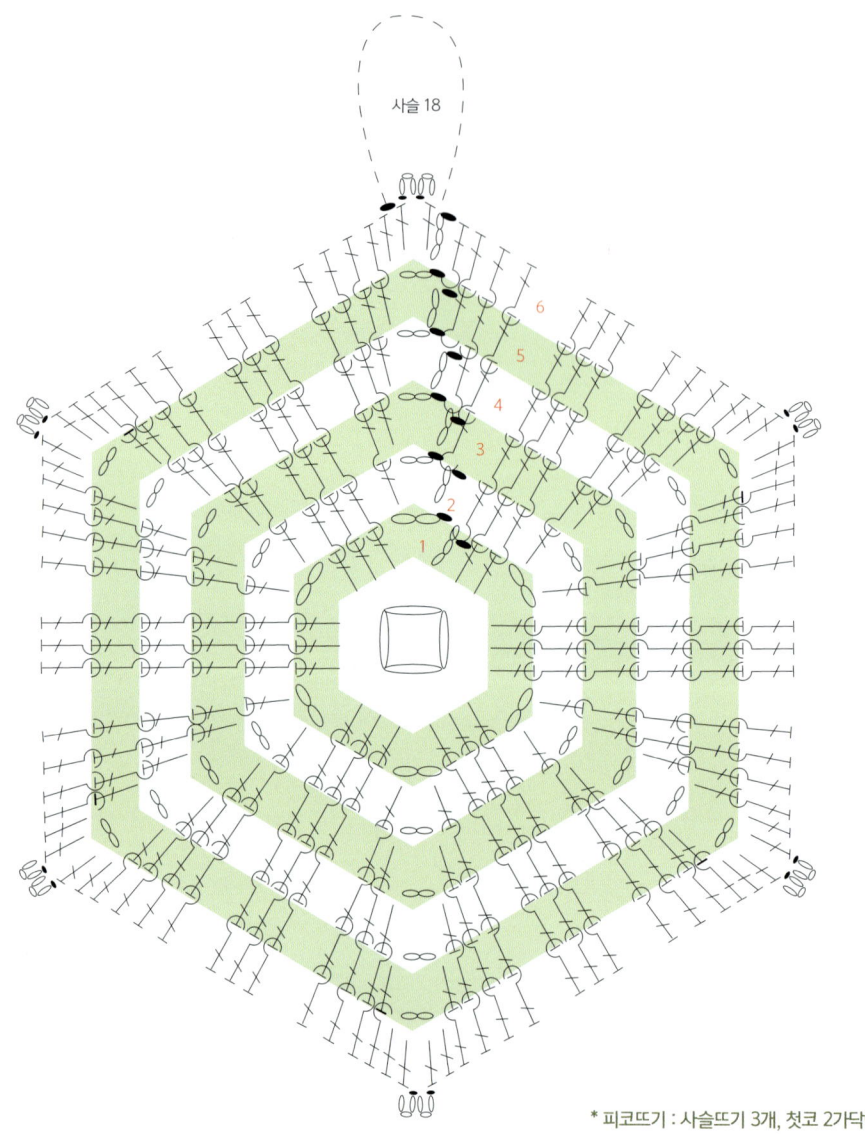

사슬 18

* 피코뜨기 : 사슬뜨기 3개, 첫코 2가닥에 빼뜨기

사슬뜨기 4개 링으로 시작

1단 : 사슬뜨기 5, (한길긴뜨기 3, 사슬뜨기 2)×5, 한길
　　긴뜨기 2, 빼뜨기

2단 : 빼뜨기 이동, (한길긴뜨기, 사슬뜨기 2, 한길긴뜨
　　기, 앞걸어한길긴뜨기, 뒤걸어한길긴뜨기, 앞걸어
　　한길긴뜨기)×6, 빼뜨기

3단 : 빼뜨기 이동, (한길긴뜨기, 사슬뜨기 2, 한길긴뜨
　　기, 뒤걸어한길긴뜨기, 앞걸어한길긴뜨기, 뒤걸어
　　한길긴뜨기, 앞걸어한길긴뜨기, 뒤걸어한길긴뜨
　　기)×6, 빼뜨기

4단 : 빼뜨기 이동, (한길긴뜨기, 사슬뜨기 2, 한길긴뜨
　　기, 앞걸어한길긴뜨기, 뒤걸어한길긴뜨기, 앞걸어

한길긴뜨기, 뒤걸어한길긴뜨기, 앞걸어한길긴뜨
기, 뒤걸어한길긴뜨기, 앞걸어한길긴뜨기)×6, 빼
뜨기

5단 : 빼뜨기 이동, (한길긴뜨기, 사슬뜨기 2, 한길긴뜨
　　기, 뒤걸어한길긴뜨기, 앞걸어한길긴뜨기, 뒤걸어
　　한길긴뜨기, 앞걸어한길긴뜨기, 뒤걸어한길긴뜨
　　기, 앞걸어한길긴뜨기, 뒤걸어한길긴뜨기, 앞걸어
　　한길긴뜨기, 뒤걸어한길긴뜨기)×6, 빼뜨기

6단 : 빼뜨기 이동, [한길긴뜨기, 한길긴뜨기, 피코뜨기,
　　한길긴뜨기, 피코뜨기, 한길긴뜨기, (앞걸어한길
　　긴뜨기, 뒤걸어한길긴뜨기)×5, 앞걸어한길긴뜨
　　기]×6, 빼뜨기

고리 : 사슬뜨기 18개

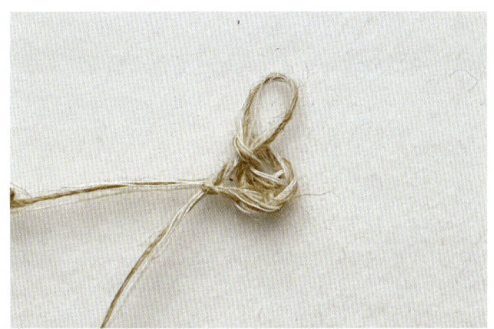

01 사슬뜨기 4개로 링을 만들어 주세요.

02 1단 : 사슬뜨기 3개(기둥코), 사슬뜨기 2개를 떠 주세요.

03 한길긴뜨기 3개, 사슬뜨기 2개를 떠 주세요.

04 (한길긴뜨기 3, 사슬뜨기 2)를 5번 반복한 뒤 한길긴뜨기 2개를 뜨고 빼뜨기해 주세요.

05 2단 : 빼뜨기로 이동한 뒤 시슬뜨기 2개(기둥코), 사슬뜨기 2개, 한길긴뜨기 1개를 떠 주세요.

06 앞걸어한길긴뜨기, 뒤걸이한길긴뜨기, 앞길어 한길긴뜨기를 떠 주세요.

07 (한길긴뜨기, 사슬뜨기 2, 한길긴뜨기, 앞걸어
한길긴뜨기, 뒤걸어한길긴뜨기, 앞걸어한길긴
뜨기)를 반복한 뒤 빼뜨기해 주세요.

08 3단 : 사슬뜨기 2개(기둥코), 사슬뜨기 2개, 한
길긴뜨기 1개를 떠 주세요.

09 뒤걸어한길긴뜨기, 앞걸어한길긴뜨기, 뒤걸어
한길긴뜨기, 앞걸어한길긴뜨기, 뒤걸어한길긴
뜨기를 떠 주세요.

10 (한길긴뜨기, 사슬뜨기 2, 한길긴뜨기, 뒤걸어
한길긴뜨기, 앞걸어한길긴뜨기, 뒤걸어한길긴
뜨기, 앞걸어한길긴뜨기, 뒤걸어한길긴뜨기)
를 반복한 뒤 빼뜨기해 주세요.

11 4단 : 사슬뜨기 4개, 한길긴뜨기, 앞걸어한길
뜨기, 뒤걸어한길긴뜨기, 앞걸어한길긴뜨기,
뒤걸어한길긴뜨기, 앞걸어한길긴뜨기, 뒤걸어
한길긴뜨기, 앞걸어한길긴뜨기를 떠 주세요.

12 (한길긴뜨기, 사슬뜨기 2, 한길긴뜨기, 앞걸어
한길긴뜨기, 뒤걸어한길긴뜨기, 앞걸어한길긴
뜨기, 뒤걸어한길긴뜨기, 앞걸어한길긴뜨기,
뒤걸어한길긴뜨기, 앞걸어한길긴뜨기)를 반
복한 뒤 빼뜨기해 주세요.

13 5단 : 사슬뜨기 4개, 한길긴뜨기, 뒤걸어한길긴 뜨기, 앞걸어한길긴뜨기, 뒤걸어한길긴뜨기, 앞걸어한길긴뜨기, 뒤걸어한길긴뜨기, 앞걸어 한길긴뜨기, 뒤걸어한길긴뜨기, 앞걸어한길긴 뜨기, 뒤걸어한길긴뜨기를 떠 주세요.

14 (한길긴뜨기, 사슬뜨기 2, 한길긴뜨기, 뒤걸어 한길긴뜨기, 앞걸어한길긴뜨기, 뒤걸어한길긴 뜨기, 앞걸어한길긴뜨기, 뒤걸어한길긴뜨기, 앞걸어한길긴뜨기, 뒤걸어한길긴뜨기, 앞걸어 한길긴뜨기, 뒤걸어한길긴뜨기)를 반복한 뒤 빼뜨기해 주세요.

15 6단 : 사슬뜨기 3개, 한길긴뜨기, 피코뜨기, 한 길긴뜨기, 피코뜨기, 한길긴뜨기를 떠 주세요.

16 (앞걸어한길긴뜨기, 뒤걸어한길긴뜨기)를 5번 반복한 뒤 앞걸어한길긴뜨기를 떠 주세요.

17 [한길긴뜨기, 한길긴뜨기, 피코뜨기, 한길긴뜨기, 피코뜨기, 한길긴뜨기, (앞걸어한길긴뜨기, 뒤걸어한길긴뜨기) 5번 반복, 앞걸어한길긴뜨기]를 반복한 뒤 빼뜨기해 주세요.

18 사슬뜨기 18개를 뜬 후 네 번째 한길긴뜨기에 빼뜨기해 주세요.

19 완성이에요.

팝콘꽃 수세미

난이도

완성 사이즈 지름 16cm(고리 제외)

사용실 예고은 삼베실(1번 수세미실 1겹) 약 15g

사용바늘 모사용 코바늘 7/0호(4.0mm)

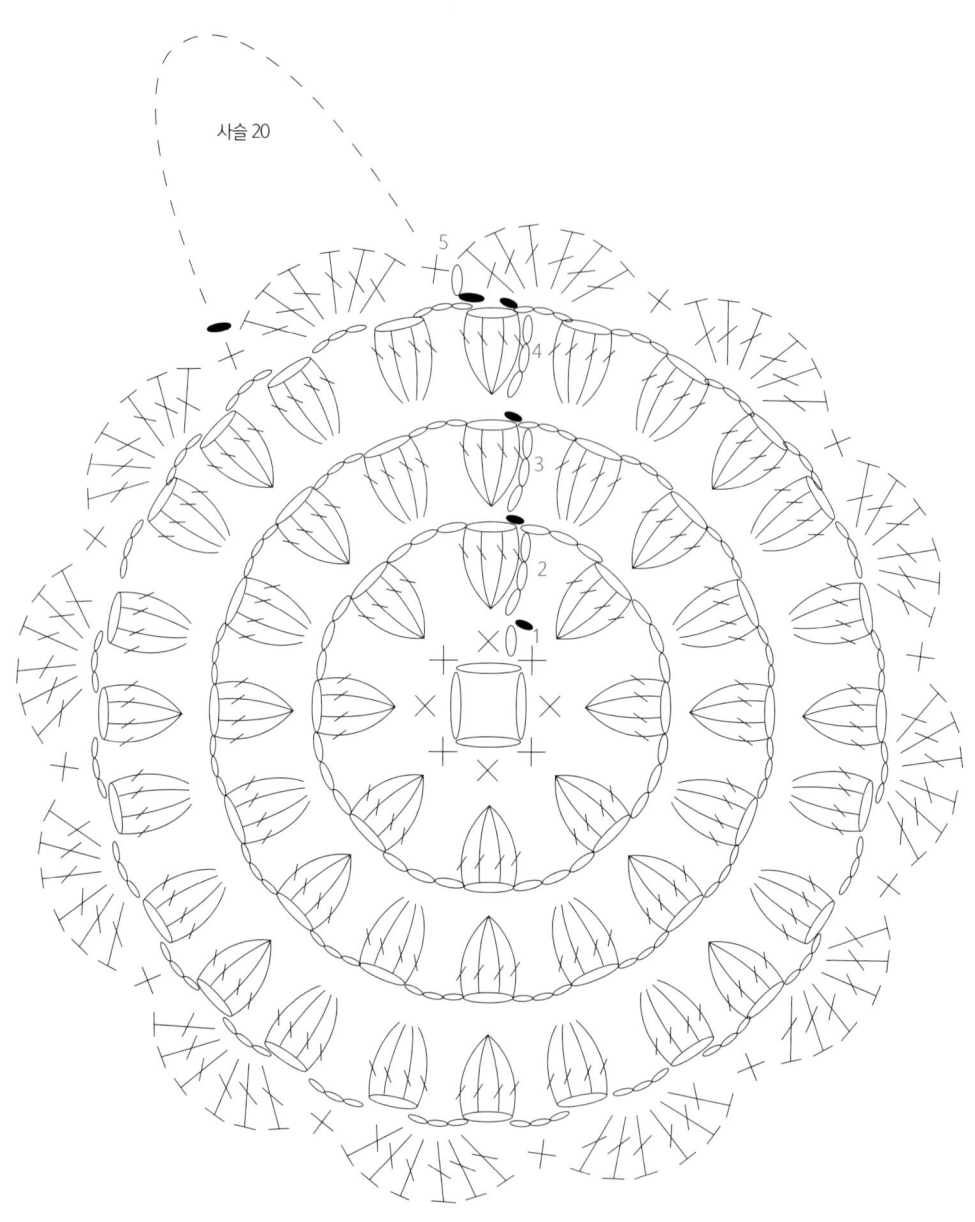

사슬 20

사슬뜨기 4개 링으로 시작

1단 : 사슬뜨기, 짧은뜨기 8

2단 : 사슬뜨기 3, (한길긴뜨기 4코 팝콘뜨기, 사슬뜨기 3)×8

3단 : 사슬뜨기 3, (한길긴뜨기 4코 팝콘뜨기, 사슬뜨기 3)×16

4단 : 사슬뜨기 3, (한길긴뜨기 4코 팝콘뜨기, 사슬뜨기 3)×24

5단 : 빼뜨기 이동, 사슬뜨기, (짧은뜨기, 한길긴뜨기 6)×12

고리 : 사슬뜨기 20, 빼뜨기로 연결

실 정리 후 마무리

01 사슬뜨기 4개로 링을 만들어 주세요.

02 짧은뜨기 8개를 떠 주세요.

03 빼뜨기로 1단을 마무리해 주세요.

04 한길긴뜨기 4코 팝콘뜨기, 사슬뜨기 3개를 떠 주세요.

05 총 8번 반복해 주세요.

06 아랫단 팝콘에 (한길긴뜨기 4코 팝콘뜨기, 사슬뜨기 3)을 2번 반복해 주세요.

07 총 8번 반복해 주세요.

08 아랫단 팝콘 2개에 (한길긴뜨기 4코 팝콘뜨기, 사슬뜨기 3)을 3번 반복해 주세요.

09 총 8번 반복해 주세요.

10 짧은뜨기 1개, 한길긴뜨기 6개를 떠 주세요.

11 총 12번 반복해 주세요.

12 사슬뜨기 20개를 뜬 후 옆의 짧은뜨기코에 빼
뜨기해 주세요.

13 완성이에요.

헤링본 네트 수세미

난이도
○
○
●

완성 사이즈 가로 12.5cm×세로 12.5cm

사용실 예고은 삼베실(1번 수세미실 2겹) 약 19g

사용바늘 모사용 코바늘 7/0호(4.0mm)

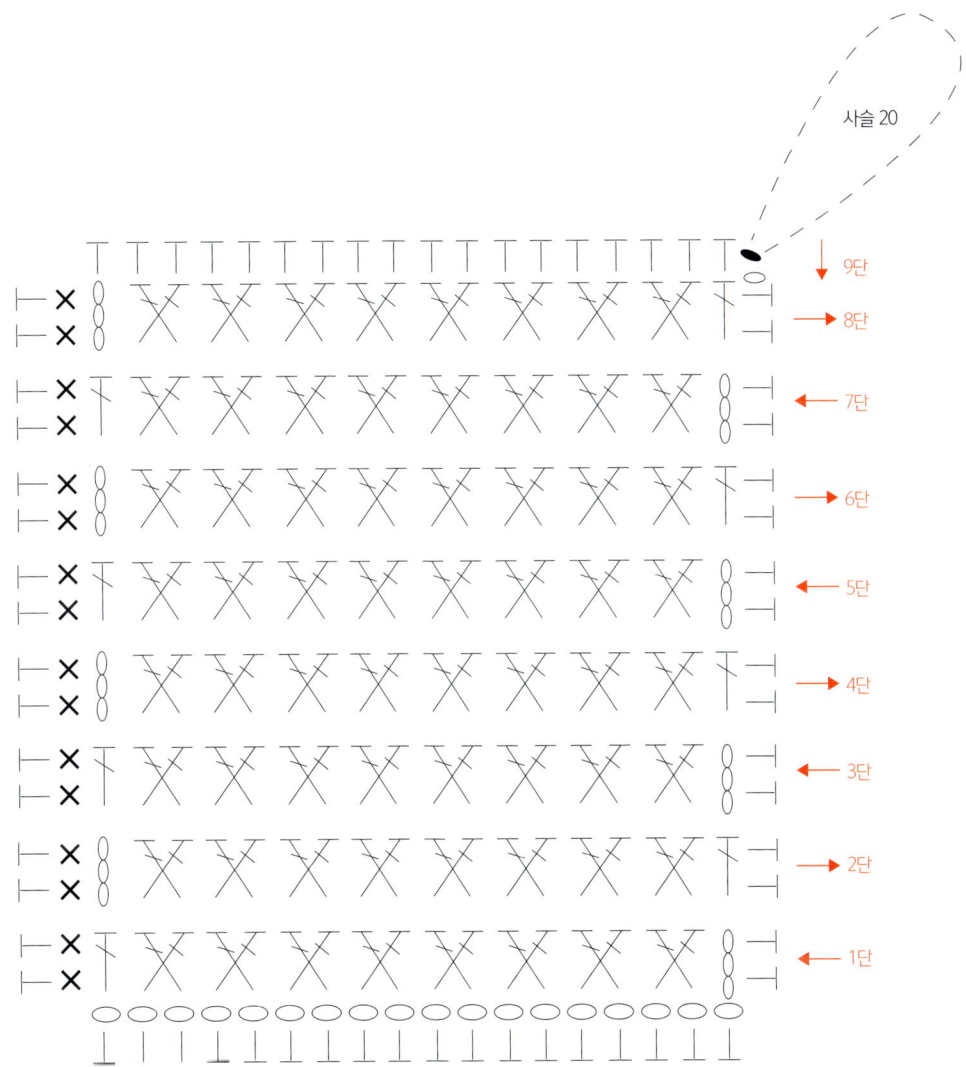

사슬 20

↓ 9단

→ 8단

← 7단

→ 6단

← 5단

→ 4단

← 3단

→ 2단

← 1단

실 두 줄, 사슬뜨기 18개로 시작

1단 : 사슬뜨기 3, [1코 건너뛰고 한길긴뜨기, (바늘을 기둥 뒤로 이동해서) 건너뛴 코에 한길긴뜨기] 반복, 마지막 코에 한길긴뜨기

2단 : 사슬뜨기 3, 방향 바꿈, [1코 건너뛰고 한길긴뜨기, (바늘을 기둥 앞으로 이동해서) 건너뛴 코에 한길긴뜨기] 반복, 마지막 코에 한길긴뜨기

3단 : 사슬뜨기 3, 방향 바꿈, [1코 건너뛰고 한길긴뜨기, (바늘을 기둥 뒤로 이동해서) 건너뛴 코에 한길긴

뜨기] 반복, 마지막 코에 한길긴뜨기

4단 : 사슬뜨기 3, 방향 바꿈, [1코 건너뛰고 한길긴뜨기, (바늘을 기둥 앞으로 이동해서) 건너뛴 코에 한길긴뜨기] 반복, 마지막 코에 한길긴뜨기

5~8단 : 3~4단을 2번 반복

9단 : 긴뜨기 단마다 2코씩, 구멍마다 2코씩

고리 : 사슬뜨기 20

실 정리 후 마무리

01 사슬뜨기 18개를 떠 주세요.(짝수만 가능)

02 1단 : 사슬뜨기 3개를 뜨고, 6번째 사슬에 한길긴뜨기 1개를 떠 주세요. (바늘을 기둥 뒤로 이동해서) 5번째 사슬에 한길긴뜨기 1개를 떠 주세요.

03 (1코 건너뛰고 한길긴뜨기, 건너뛴 코에 한길긴뜨기)를 반복해 주세요. 마지막 코에 한길긴뜨기를 떠 주세요.

04 2단 : 사슬뜨기 3개를 뜨고 뜨개 방향을 바꾸어 주세요.

05 1코 건너뛰고 한길긴뜨기 1개를 뜨고, (바늘을 기둥 앞으로 이동해서) 건너뛴 코에 한길긴뜨기 1개를 떠 주세요.

06 (1코 건너뛰고 한길긴뜨기, 건너뛴 코에 한길긴뜨기)를 반복해 주세요. 마지막 코에 한길긴뜨기를 떠 주세요.

07 3단 : 사슬뜨기 3개를 뜨고, 뜨개 방향을 바꿔서 1코 건너뛰고 한길긴뜨기 1개를 뜨고, (바늘을 기둥 뒤로 이동해서) 건너뛴 코에 한길긴뜨기 1개를 떠 주세요.

08 (1코 건너뛰고 한길긴뜨기, 건너뛴 코에 한길긴뜨기)를 반복해 주세요. 마지막 코에 한길긴뜨기를 떠 주세요.

09 4단 : 사슬뜨기 3개를 뜨고, 뜨개 방향을 바꿔서 1코 건너뛰고 한길긴뜨기 1개를 뜨고, (바늘을 기둥 앞으로 이동해서) 건너뛴 코에 한길긴뜨기 1개를 떠 주세요.

10 (1코 건너뛰고 한길긴뜨기, 건너뛴 코에 한길긴뜨기)를 반복해 주세요. 마지막 코에 한길긴뜨기를 떠 주세요.

11 3~4단을 반복해 주세요.

12 사슬뜨기 1개를 뜨고, 단마다 긴뜨기를 2개씩 떠 주세요.

13 구멍마다 긴뜨기를 2개씩 해 주세요.

14 다른 쪽도 단마다 긴뜨기2개씩, 구멍마다 긴
뜨기 2개씩 해 주세요.

15 시작코에 빼뜨기로 마무리한 후 사슬뜨기 20
개를 떠 주세요.

16 사슬뜨기로 만든 줄을 빼뜨기로 몸체에 연결
한 후 실을 정리하면 완성이에요.

하트 호빵 수세미

난이도

완성 사이즈 가로 15cm×세로 14.5cm

사용실 예고은 삼베실(1번 수세미실 1겹) 약 17g

사용바늘 모사용 코바늘 7/0호(4.0mm)

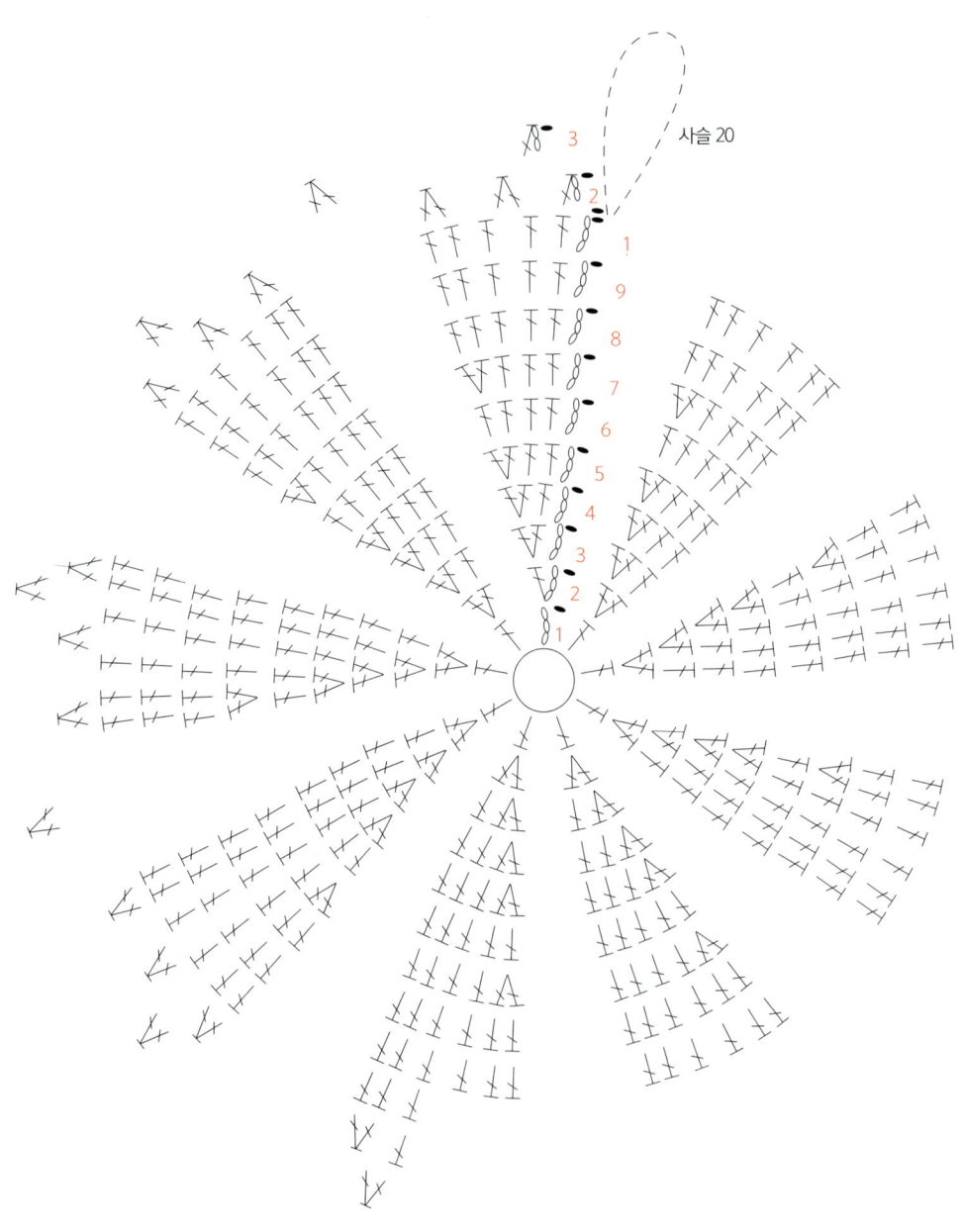

사슬 20

매직링으로 시작

1단 : 한길긴뜨기×9

2단 : 코늘림×9

3단 : (한길긴뜨기 1, 코늘림)×9

4단 : (한길긴뜨기 2, 코늘림)×9

5단 : (한길긴뜨기 3, 코늘림)×9

6단 : 코마다 한길긴뜨기 1개씩

7단 : (한길긴뜨기 4, 코늘림)×9

8~9단 : 코마다 한길긴뜨기 1개씩

첫코와 27번째 코를 함께 빼뜨기

봉우리1단 : 코마다 1개씩 27코

봉우리2단 : 코줄임×13, 한길긴뜨기

봉우리3단 : 코줄임

돗바늘로 오므려 마무리

고리 : 사슬뜨기 20개

반대쪽 봉우리도 같은 방법으로 완성

01 1단 : 매직링에 한길긴뜨기 9개를 떠 주세요.

02 2단 : 코마다 한길긴뜨기를 2개씩 떠 주세요.

03 3단 : (한길긴뜨기 1, 코늘림)을 반복해 주세요.

04 4단 : (한길긴뜨기 2, 코늘림)을 반복해 주세요.

05 5단 : (한길긴뜨기 3, 코늘림)을 반복해 주세요.

06 6단 : 코마다 한길긴뜨기를 1개씩 떠 주세요.

07 7단 : (한길긴뜨기 4, 코늘림)을 반복해 주세요.

08 8~9단 : 코마다 한길긴뜨기를 1개씩 떠서 2단을 완성해 주세요.

09 첫코와 가운데코(27번째)를 통과해서 빼뜨기해 주세요.

10 봉우리1단 : 코마다 1개씩 27코를 떠 주세요.

11 봉우리2단 : 한길긴뜨기 2코 모아뜨기를 반복해 주세요. 마지막은 한길긴뜨기를 떠 주세요.

12 봉우리3단 : 한길긴뜨기 2코 모아뜨기를 반복해 주세요.

13 코마다 감침질로 실을 통과해 주세요.

14 실을 잡아당겨 오므린 다음 정리해 주세요.

15 한쪽 봉우리 완성이에요.

16 가운데에 바늘을 넣어 주세요.

17 새 실을 연결해 주세요.

18 사슬뜨기 20개를 뜬 다음 빼뜨기로 고리를 만들어 주세요.

19 빼뜨기로 1코 옆으로 이동해서 사슬뜨기 3개
를 떠 주세요. 이 코가 두 번째 봉우리의 첫코
입니다.

20 반대쪽 봉우리도 이전 봉우리와 같은 방법으
로 뜨면 완성이에요.

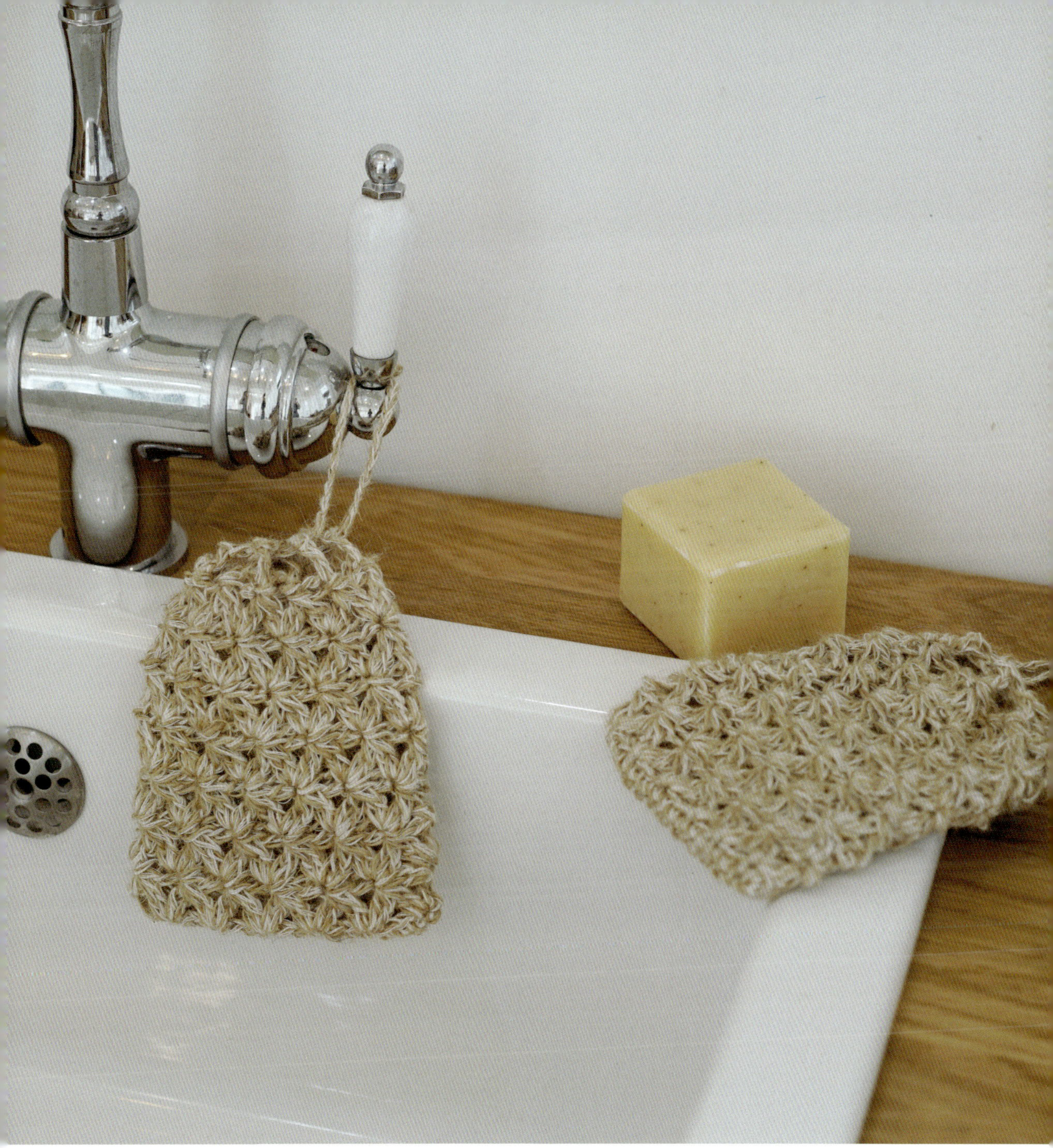

꽃 주머니 수세미

난이도

○
●
●

완성 사이즈 가로 11cm×세로 12.5cm

사용실 예고은 삼베실(1번 수세미실 1겹) 약 17g

사용바늘 모사용 코바늘 7/0호(4.0mm)

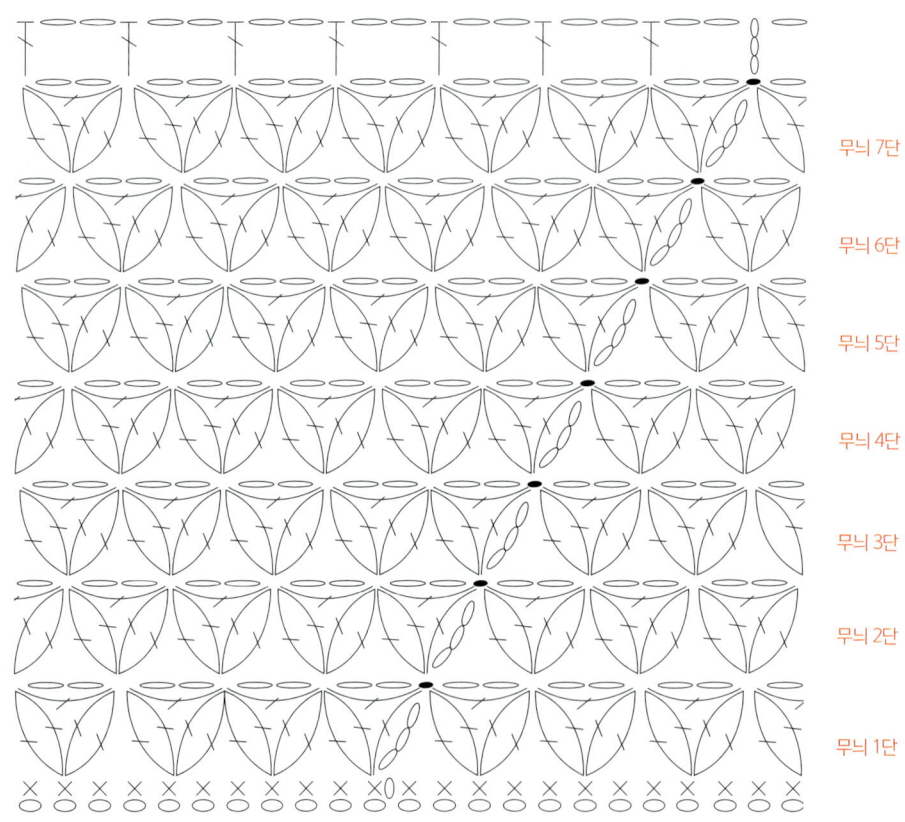

무늬 7단

무늬 6단

무늬 5단

무늬 4단

무늬 3단

무늬 2단

무늬 1단

01 사슬뜨기 19개를 뜨고 두 번째 사슬부터 짧은 뜨기를 떠 주세요.

02 마지막 사슬까지 짧은뜨기를 떠 주세요.

03 사슬 반대쪽 방향에서도 짧은뜨기를 1개씩 떠 주세요.

04 빼뜨기로 1단을 마무리해 주세요.

05 무늬 1단 : 사슬뜨기 3개를 뜨고 한길긴뜨기 1 개를 떠 주세요.

06 사슬뜨기 2개를 뜨고 한길긴뜨기 반 코를 떠 주세요.

07 첫코에 한길긴뜨기 반 코씩 2개를 떠 주세요.

08 2코 건너뛰고 한길긴뜨기 반 코씩 2개를 떠 주세요.

09 실을 걸어 6가닥을 모두 통과해서 모아 주세요.

10 사슬뜨기 2개, 한길긴뜨기 반 코씩 5개를 떠 주세요.

11 6가닥을 모두 통과해서 모아 주는 것을 반복해 주세요.

12 마지막 무늬는 반 코씩 4개를 떠 주세요.

13 첫코에서 실을 걸고 나와 4가닥을 빼뜨기로 통과해 주세요.

14 무늬 2단 : 사슬뜨기 3개를 뜨고 한길긴뜨기 1개를 떠 주세요.

15 사슬뜨기 2개, 한길긴뜨기 반 코씩 5개를 떠 주세요.

16 6가닥을 모두 통과해서 모아 주세요.

17 무늬를 반복해 주세요.

18 무늬를 총 7단 반복해 주세요.

19 한길긴뜨기 4개를 떠 주세요.

20 무늬 중심코마다 (한길긴뜨기, 사슬뜨기 1)을 반복해 주세요.

21 첫 기둥코 세 번째 사슬에 빼뜨기로 마무리해 주세요.

22 입구 쪽 네트 패턴 완성이에요.

23 사슬뜨기로 끈을 입구보다 조금 길게 떠 주세요.

24 네트 패턴을 들어갔다 나왔다 하면서 통과해 주세요.

25 끈의 양쪽을 함께 묶어 고정해 주세요.

26 완성이에요.

비누를 넣어 걸이 두거나 끈을 넣어 삼삼 수세미로 사용할 수 있어요.

솔방울 수세미

난이도

완성 사이즈 정면 지름 10cm×옆면 지름 9.5cm

사용실 예고은 삼베실(1번 수세미실 1겹) 약 26g

사용바늘 모사용 코바늘 7/0호(4.0mm)

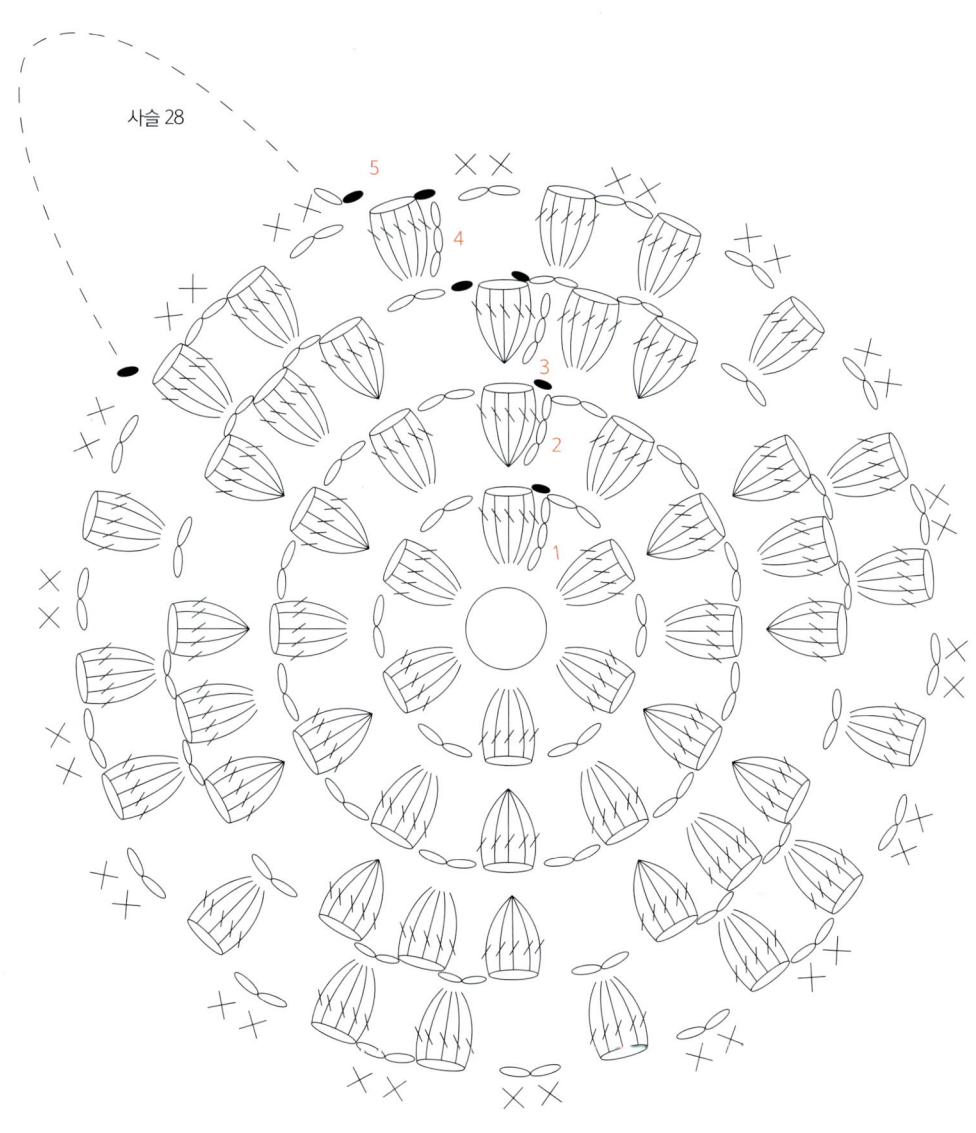

사슬 28

매직링으로 시작

1단 : 사슬뜨기 3, (한길긴뜨기 5코 팝콘뜨기, 사슬뜨기 2)×6

2단 : 사슬뜨기 3, (한길긴뜨기 5코 팝콘뜨기, 사슬뜨기 2)×12

3단 : 사슬뜨기 3, (한길긴뜨기 5코 팝콘뜨기, 사슬뜨기 2)×18

4단 : 사슬뜨기 3, (한길긴뜨기 5코 팝콘뜨기, 사슬뜨기 2)×18

1~4단을 반복해서 하나 디 민든다.

5단 : 2장을 마주 보고 함께 짧은뜨기로 연결(총 36코)

고리 : 사슬뜨기 28, 빼뜨기로 연결

실 정리 후 마무리

01 매직링에 사슬뜨기 3개, (한길긴뜨기 5코 팝콘뜨기, 사슬뜨기 2)를 떠 주세요.

02 (한길긴뜨기 5코 팝콘뜨기, 사슬뜨기 2)를 총 6번 반복해 주세요.

03 빼뜨기로 1단을 마무리해 주세요.

04 사슬뜨기 3개, 팝콘마다 (한길긴뜨기 5코 팝콘뜨기, 사슬뜨기 2)를 2번씩 반복해 주세요.

05 (한길긴뜨기 5코 팝콘뜨기, 사슬뜨기 2)×2를 총 6번 반복해서 2단을 완성해 주세요.

06 사슬뜨기 3개, 팝콘 2개마다 (한길긴뜨기 5코 팝콘뜨기, 사슬뜨기 2)를 3번 반복해 주세요.

07 (한길긴뜨기 5코 팝콘뜨기, 사슬뜨기 2)×3을 총 6번 반복해서 3단을 완성해 주세요.

08 빼뜨기로 한 칸 옆 공간으로 이동한 후 사슬뜨기 3개, (한길긴뜨기 5코 팝콘뜨기, 사슬뜨기 2)를 떠 주세요.

09 (한길긴뜨기 5코 팝콘뜨기, 사슬뜨기 2)를 총 18번 반복해서 4단을 완성해 주세요.

10 똑같이 하나 더 만들어 주세요.

11 2개를 마주 보게 포개 놓고 공간마다 짧은뜨기를 2개씩 떠 주세요.

12 한 바퀴 나 짧은뜨기로 연결해 수세요.

13 사슬뜨기 28개를 떠 주세요.

14 팝콘 2개 옆에다 빼뜨기로 마무리해 주세요.

15 완성이에요.

————————————————

아이네스
삼베 수세미

————————————————

아기별 수세미

난이도
○
●

완성 사이즈 지름 13cm
사용실 일반 삼베실(1번 베이직 1겹)
사용바늘 모사용 코바늘 6/0호(3.5mm)

93

01 매직링을 만들어 기둥코 사슬뜨기 3개를 포함하여 한길긴뜨기를 총 10개 떠 주세요.

02 기둥코 사슬뜨기 1개를 뜬 뒤 짧은뜨기 1개를 뜨고 다음 코에서 긴뜨기 1개, 한길긴뜨기 1개, 긴뜨기 1개를 한 번에 떠 주세요. 총 5번 반복해서 떠 주세요.

03 도안과 같이 6단까지 떠 주세요.

04 기둥코 사슬뜨기 3개를 뜬 뒤 도안을 보면서 2코 모아뜨기와 3코 모아뜨기를 따라 떠 주세요. 마지막에 사슬뜨기 12개를 떠서 고리를 만들어 주세요.

05 2코 모아뜨기를 반복하면서 총 10단을 떠 주세요.

06 완성이에요.

러빙유 수세미

난이도

완성 사이즈 가로 11cm×세로 10.5cm
사용실 일반 삼베실(1번 베이직 1겹)
사용바늘 모사용 코바늘 6/0호(3.5mm)

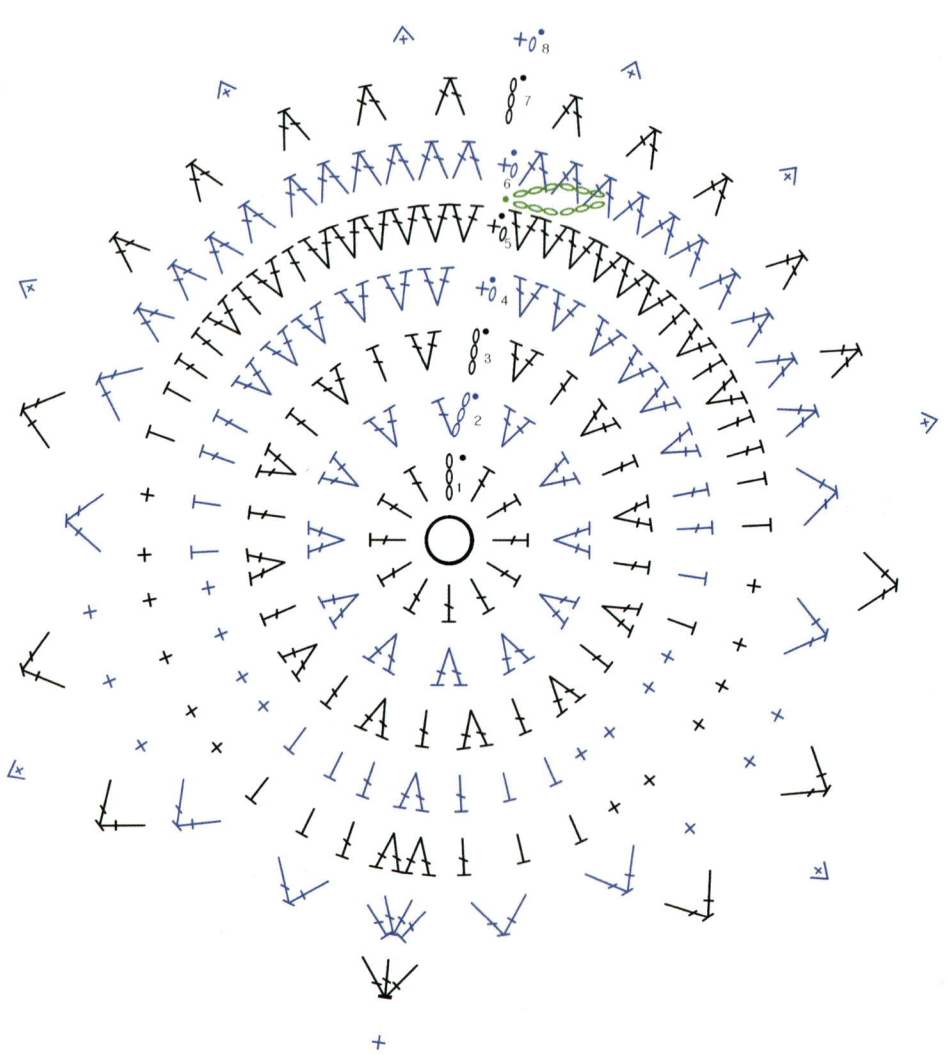

01 매직링을 만들어 기둥코 사슬뜨기 3개를 포함하여 한길긴뜨기 12개를 떠 주세요.

02 도안과 같이 2코 늘려뜨기 부분에서 코늘림하면서 3단을 떠 주세요.

03 기둥코 사슬뜨기 1개를 뜬 뒤 짧은뜨기 1개를 뜨고 긴뜨기와 한길긴뜨기를 떠서 2코 늘려뜨기를 한 다음 도안과 같이 한 단을 떠 주세요.

04 기둥코 사슬뜨기 3개를 뜨고 도안과 같이 한 단을 뜬 다음 마지막에 사슬뜨기 12개를 떠서 고리를 만들이 주세요.

05 도안과 같이 총 8단까지 떠서 마무리하면 완성이에요.

국화 수세미

난이도

완성 사이즈 지름 13cm
사용실 일반 삼베실(1번 베이직 1겹)
사용바늘 모사용 코바늘 6/0호(3.5mm)

98

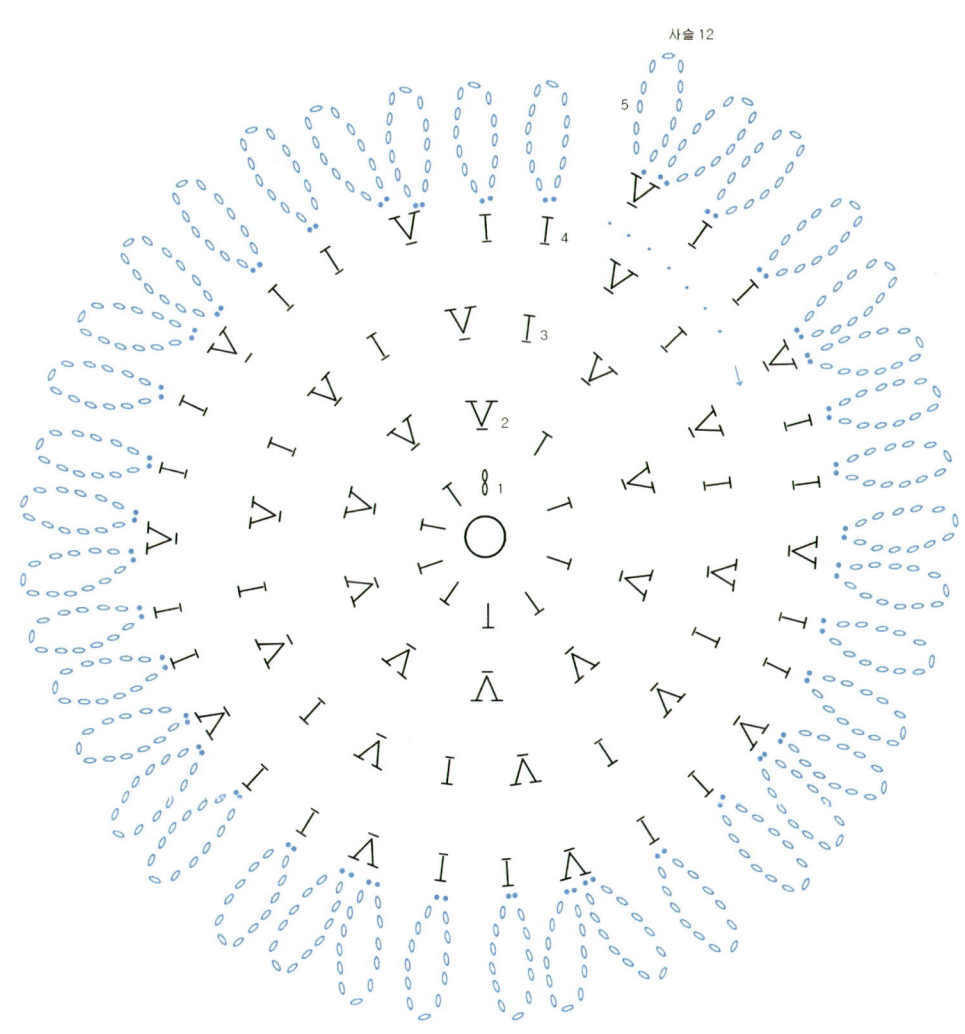

01 매직링을 만들어 기둥코 사슬뜨기 2개를 뜬 뒤 긴뜨기 10개를 떠 주세요. *원통뜨기처럼 빼뜨기를 하지 않습니다.

02 이랑뜨기로 긴뜨기 2코 늘려뜨기를 10번 해 주세요.

03 도안과 같이 코늘림하면서 이랑뜨기 긴뜨기로 총 4단을 떠 주세요.

04 뜨개 방향을 바꿔 주세요.

05 사슬뜨기 12개를 뜬 뒤 같은 코에 빼뜨기해 주세요. 옆 코에 빼뜨기를 뜬 다음 코를 이동해서 다시 사슬뜨기 12개를 뜨고 같은 자리에 빼뜨기해 주세요.

06 5번을 반복하면서 한 바퀴 떠 주세요.

07 다시 뜨개 방향을 바꿔 이랑뜨기로 뜬 코에서
빼뜨기하여 코를 이동한 뒤 사슬뜨기 12개를
뜨고 같은 자리에서 빼뜨기해 주세요.

08 첫코 기둥코 사슬뜨기까지 반복해서 떠 주세
요. 실을 정리하면 완성이에요.

입체 꽃 단면 수세미

난이도

완성 사이즈 지름 14.5cm
사용실 일반 삼베실(1번 베이직 1겹)
사용바늘 모사용 코바늘 6/0호(3.5mm)

01 사슬뜨기 3개를 포함하여 한길긴뜨기 16개를 떠 주세요.

02 앞걸어뜨기 2코 늘려뜨기를 16번 반복해 주세요.

03 도안과 같이 코늘림하면서 5단까지 떠 주세요.

04 뜨개 방향을 바꿔 빼뜨기로 오른쪽 코로 이동한 뒤 다시 뜨개 방향을 바꿔 기둥코 사슬뜨기 1개와 짧은뜨기 앞걸어뜨기 1개를 뜨고, 도안과 같이 한길긴뜨기 2코와 2코 사이에서 한길긴뜨기 5개를 떠 주세요. 끝까지 반복해서 떠 주세요.

초가집 수세미

난이도

완성 사이즈 가로 12.5cm×세로 13cm

사용실 예고은 삼베실(1번 수세미실 1겹, 4번 일반 수세미실 2겹, 6번 블랙 삼베실 1겹)

사용바늘 모사용 코바늘 6/0호(3.5mm)

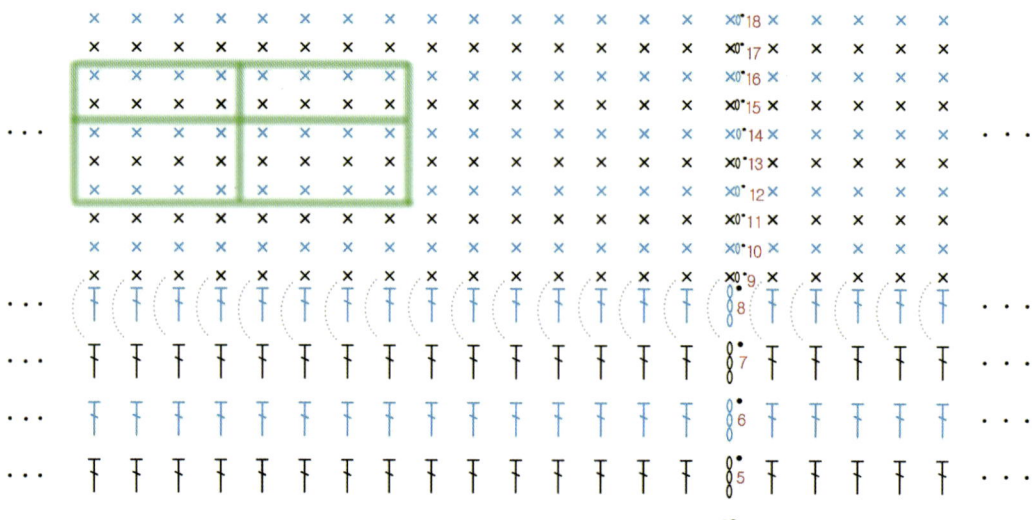

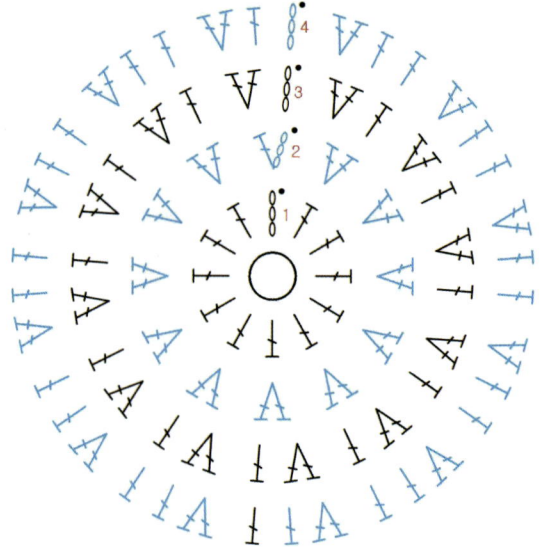

01 기둥코 사슬뜨기 3개를 포함하여 한길긴뜨기 12개를 떠 주세요.

02 도안과 같이 2코 늘려뜨기를 하며 4단을 떠 주세요.

03 한길긴뜨기로 48개를 증감 없이 4단을 떠 주세요.

04 실색을 바꿔 준 다음 7단에서 한길긴뜨기를 뜬 48코에 짧은뜨기를 떠 주세요.

05 짧은뜨기 10단을 떠 주세요. 창문 부분은 연필로 미리 그려 주세요.

06 도안에 표시해 둔 부분은 검은색 실로 백스티치해서 창문 모양을 만들어 주세요.

07 편물을 반으로 접어 짧은뜨기로 2코 모아뜨기로 뜨고 밑부분을 마무리하면 완성이에요.

08 뒷모습이에요.

마가렛 수세미

난이도

완성 사이즈 지름 12.5cm
사용실 예고은 삼베실(2번 코팅 수세미실 2겹, 5번 화이트 삼베실 2겹)
사용바늘 모사용 코바늘 6/0호(3.5mm)

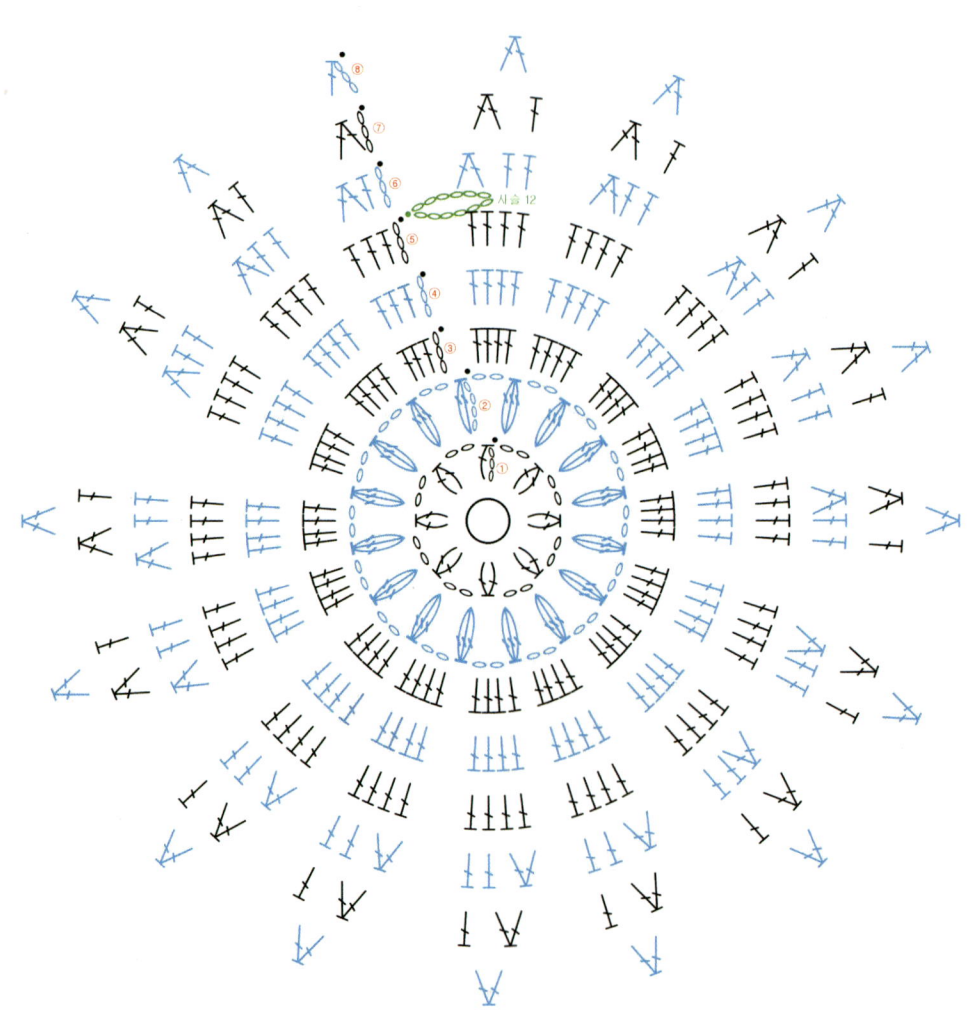

시슬 12

01 기둥코 사슬뜨기 3개와 한길긴뜨기 구슬뜨기를 뜬 뒤 사슬뜨기 2개를 떠 주세요. 한길긴뜨기 2코 구슬뜨기와 사슬뜨기 2개를 8번 반복해서 떠 주세요.

02 하얀색 실로 바꾼 다음 두길긴뜨기 3코 구슬뜨기와 사슬뜨기 2개를 도안과 같이 반복해서 떠 주세요.

03 사슬뜨기 2개를 한 부분에 기둥코 사슬뜨기 3개를 포함하여 한길긴뜨기 4개를 떠 주세요. 끝까지 반복해 주세요.

04 증감 없이 한길긴뜨기를 5단까지 뜨고 마지막에 사슬뜨기 12개를 떠서 고리를 만들어 주세요.

05 도안과 같이 2코 모아뜨기를 하면서 뒷면을 떠 주세요.

06 완성이에요.

111

플라워 수세미

난이도
○
○
●

완성 사이즈 지름 12cm
사용실 예고은 삼베실(2번 코팅 수세미실 2겹, 5번 화이트 삼베실 2겹, 6. 블랙 삼베실 2겹)
사용바늘 모사용 코바늘 6/0호(3.5mm)

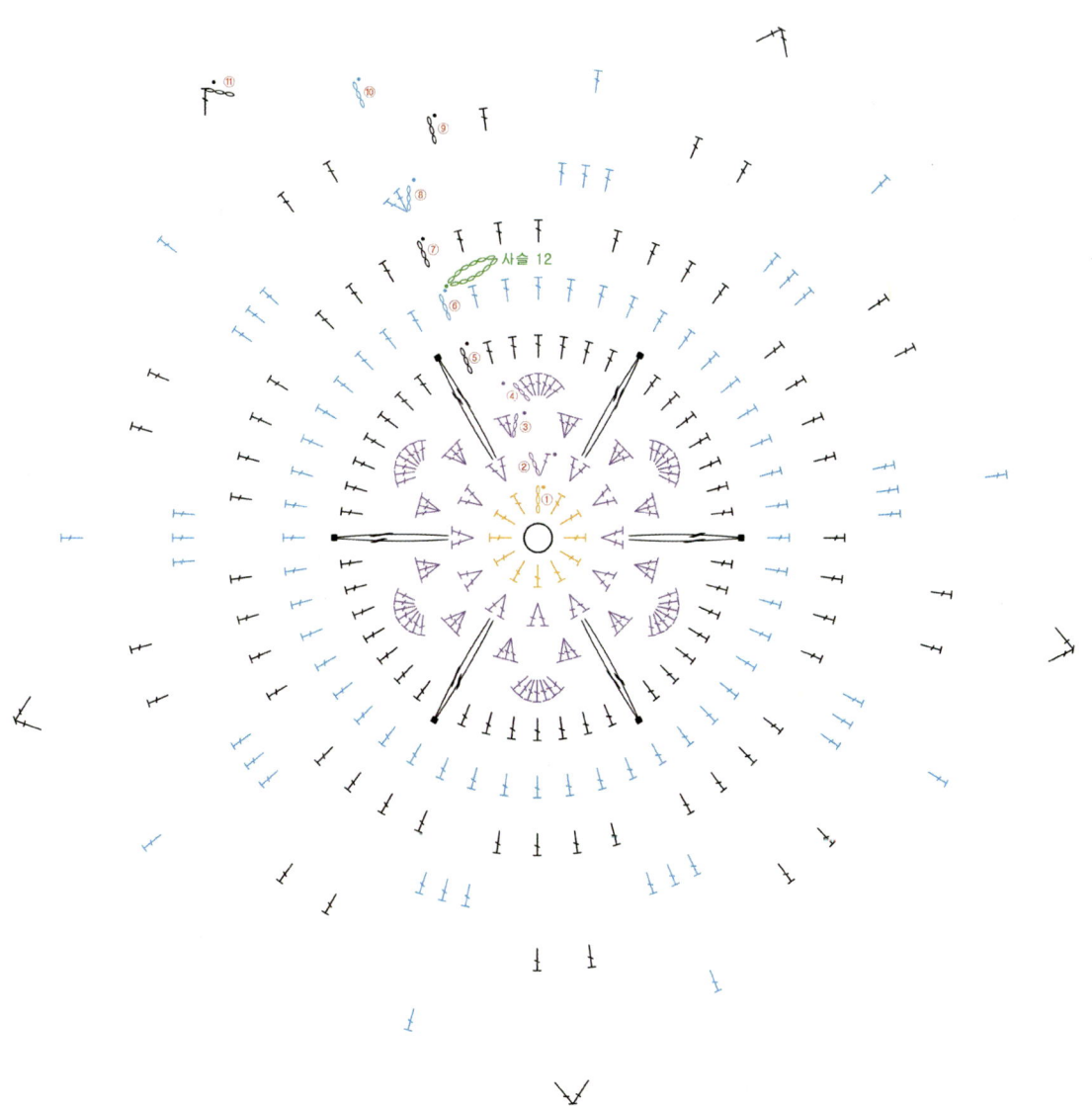

사슬 12

01 검은색 실로 매직링을 만들어 기둥코 사슬뜨기 3개를 포함하여 한길긴뜨기 12개를 떠 주세요.

02 흰색 실로 바꾼 다음 2코 늘려뜨기로 떠 주세요.

03 도안과 같이 3단까지 뜨고 한길긴뜨기 3코와 3코 사이에 한길긴뜨기 7개를 떠 주세요.

04 실 색을 바꿔 한길긴뜨기 1개를 뜬 뒤 2단에서 한길긴뜨기 2코 사이에 바늘을 넣어 한길긴뜨기 2코 구슬뜨기를 떠 주세요. 한길긴뜨기 7개를 떠 주세요. 끝까지 반복해 주세요.

05 증감 없이 한길긴뜨기를 한 단 뜨고 사슬뜨기 12개를 떠서 고리를 만들어 주세요. 도안과 같이 뒷면을 떠 주세요.

06 완성이에요.

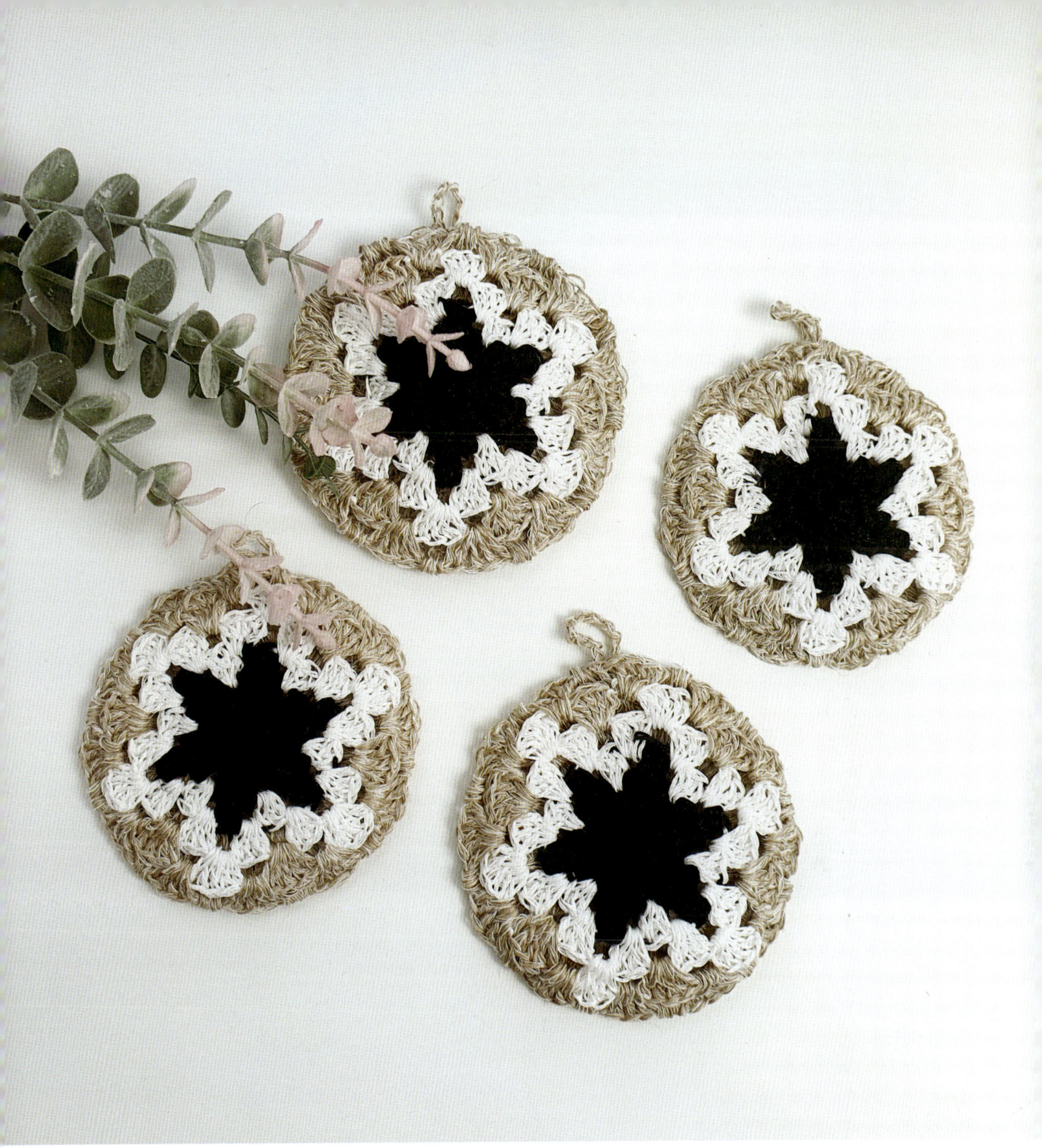

6성 수세미

난이도

완성 사이즈 약 12.5cm

사용실 예고은 삼베실(2번 코팅 수세미실 2겹, 5번 화이트 삼베실 2겹, 6번 블랙 삼베실 2겹)

사용바늘 모사용 코바늘 6/0호(3.5mm)

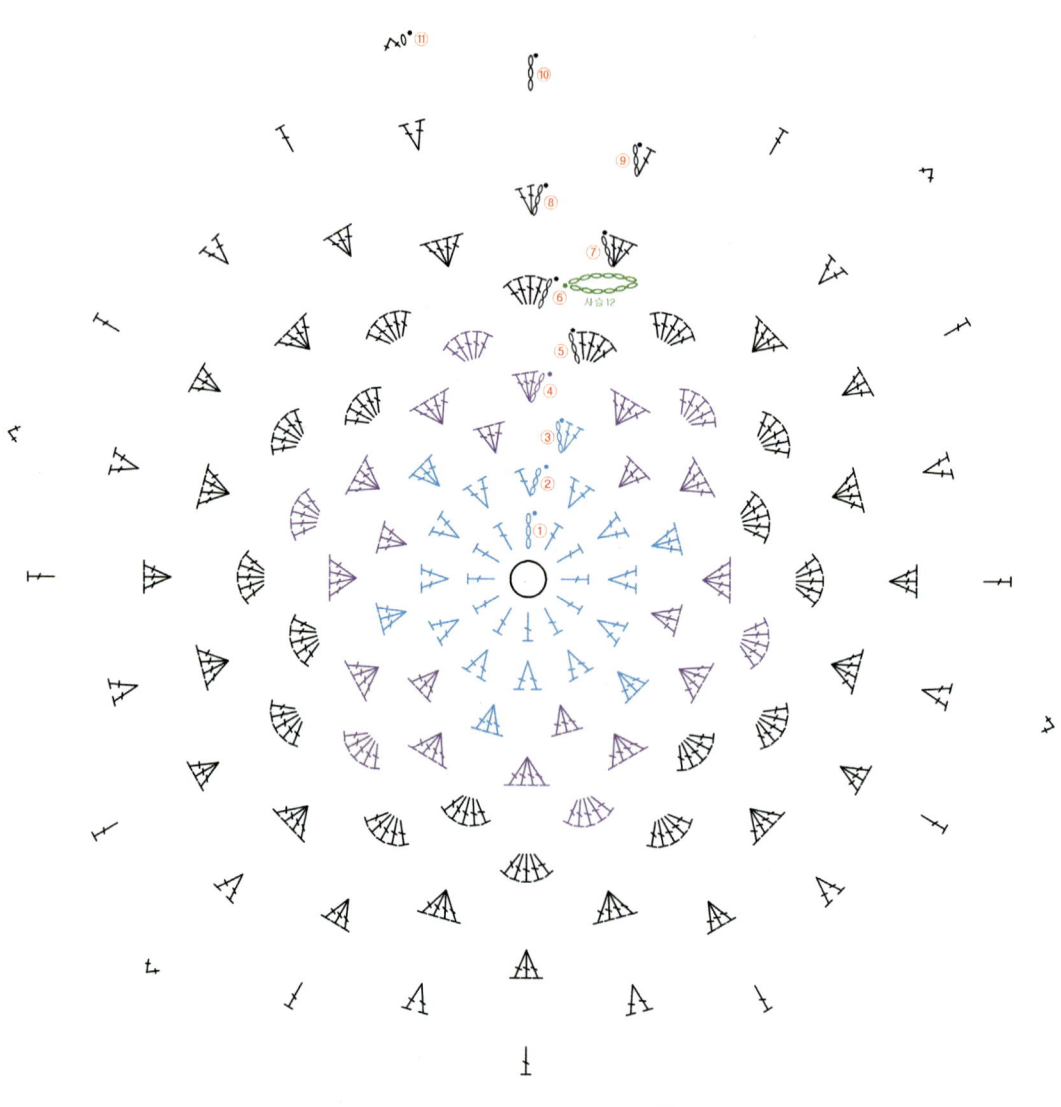

01 매직링을 만들어 기둥코 사슬뜨기 3개를 포함하여 한길긴뜨기 12개를 떠 주고 2단에서는 2코 늘려뜨기로 한 단을 떠 주세요.

02 검은색 실로 기둥코 사슬뜨기 3개를 뜬 다음 하얀색 실을 연결해 한길긴뜨기 3개를 떠 주세요. 색을 바꿔 가며 한길긴뜨기를 3개씩 떠 주세요. 마지막에 검은색으로 한길긴뜨기 2개를 떠 주세요.

03 하얀색 실로 한길긴뜨기를 4개씩 한 단을 떠 주세요.

04 하얀색과 다른 색 실로 한길긴뜨기를 5개씩 번갈아 가며 떠 주세요.

05 한길긴뜨기를 5개씩 한 단 더 떠 주세요. 마지막에 사슬뜨기 12개를 떠서 고리를 만들어 주세요.

06 도안과 같이 뒷면을 떠 주세요.

07 완성이에요.

별을 품은 수세미

난이도

완성 사이즈 지름 12cm
사용실 예고은 삼베실(2번 코팅 수세미실 2겹, 5번 화이트 삼베실 2겹)
사용바늘 모사용 코바늘 6/0호(3.5mm)

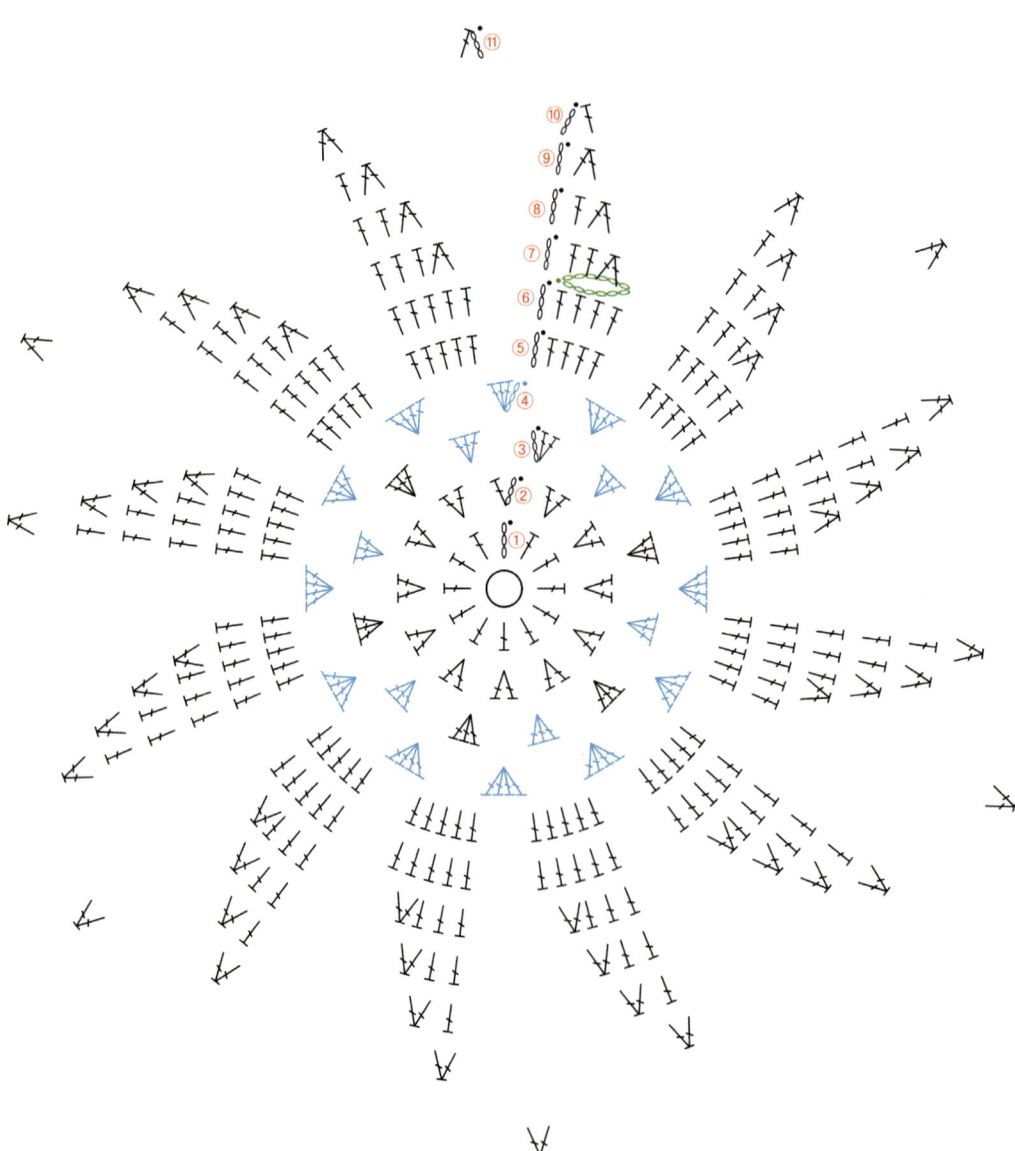

01 매직링을 만들어 기둥코 사슬뜨기 3개를 포함하여 한길긴뜨기 12개를 뜬 뒤 2코 늘려뜨기로 한 단을 더 떠 주세요.

02 기둥코 사슬뜨기 3개를 뜬 다음 흰색 실로 한 길긴뜨기 2코와 2코 사이에 한길긴뜨기 3개를 떠 주세요. 실을 번갈아 가며 3개씩 떠 주세요. 마지막에는 한길긴뜨기 2개를 떠 주세요.

03 흰색 실로 한길긴뜨기 3코와 3코 사이에 4개 씩 떠 주세요.

04 실 색을 바꿔 한길긴뜨기 4코와 4코 사이에 한 길긴뜨기를 5개씩 떠 주세요. 6단까지 증감 없 이 더 뜬 뒤 사슬뜨기 12개를 떠서 고리를 만들 어 주세요.

05 도안과 같이 뒷면을 떠 주세요.

06 완성이에요.

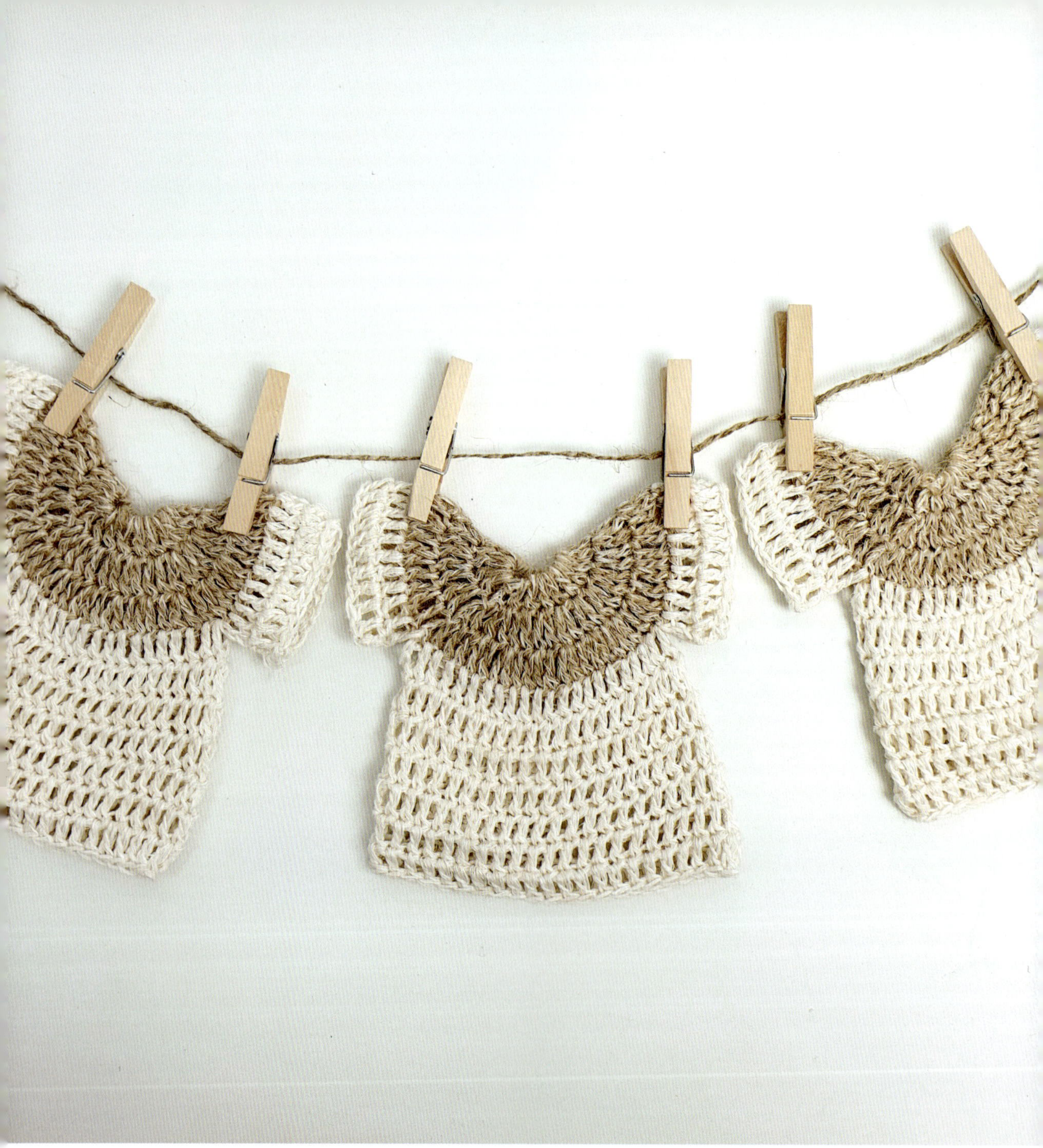

반팔티 수세미

난이도
○
●
●

완성 사이즈 가로 11cm×세로 12cm
사용실 예고은 삼베실(1번 수세미실 1겹, 4번 일반 수세미실 2겹)
사용바늘 모사용 코바늘 6/0호(3.5mm)

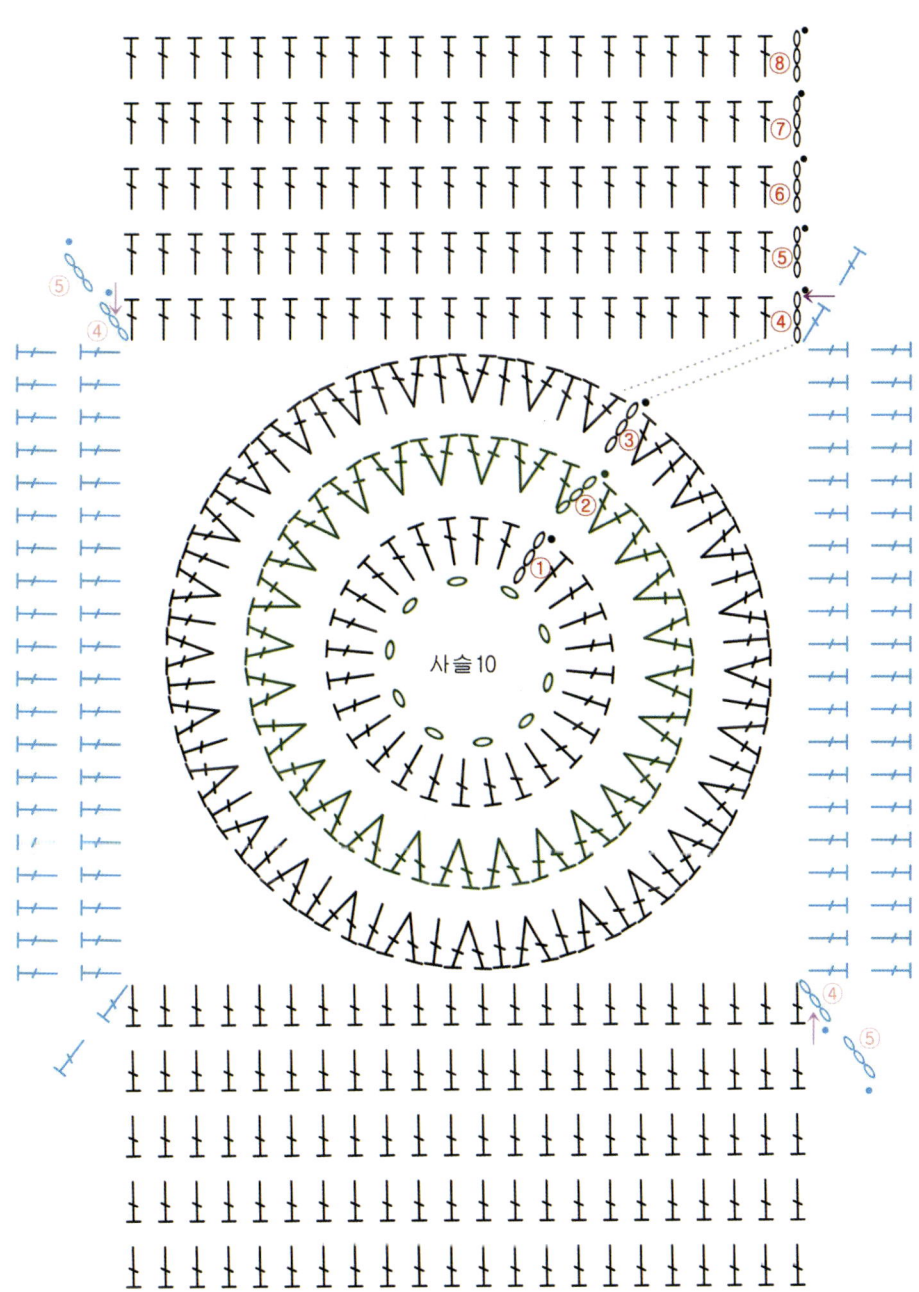

사슬10

01 사슬뜨기 10개를 떠서 원을 만들어 주세요.

02 기둥코 사슬뜨기 3개를 포함하여 한길긴뜨기 28개를 떠 주세요.

03 도안과 같이 3단까지 떠 주세요.(총 84코)

04 편물을 반으로 접어 다른 색 실을 연결해 사슬 뜨기 3개를 포함하여 한길긴뜨기 22개를 뜨고 20코를 건너뛴 다음 코에서 한길긴뜨기 22개를 떠 주세요.(총 44코)

05 증감 없이 한길긴뜨기로 총 10단을 떠 주세요.

06 몸판 앞면에서 새 실을 연결해서 기둥코 사슬 뜨기 3개를 뜨고 남겨 둔 20코를 한길긴뜨기로 떠 준 뒤 몸판 뒷면에 다시 한길긴뜨기 1개를 떠 주세요. 증감 없이 한 단을 더 떠 2단을 떠 주세요.(총 22코)

07 반대편 팔 부분도 똑같이 떠 주면 완성이에요.

꿈나래프렌즈
삼베 수세미

편한 수세미

난이도

완성 사이즈 가로 12cm×세로 13.5cm

사용실 예고은 삼베실(1번 수세미실 1겹)

사용바늘 모사용 코바늘 4/0호(2.5mm)

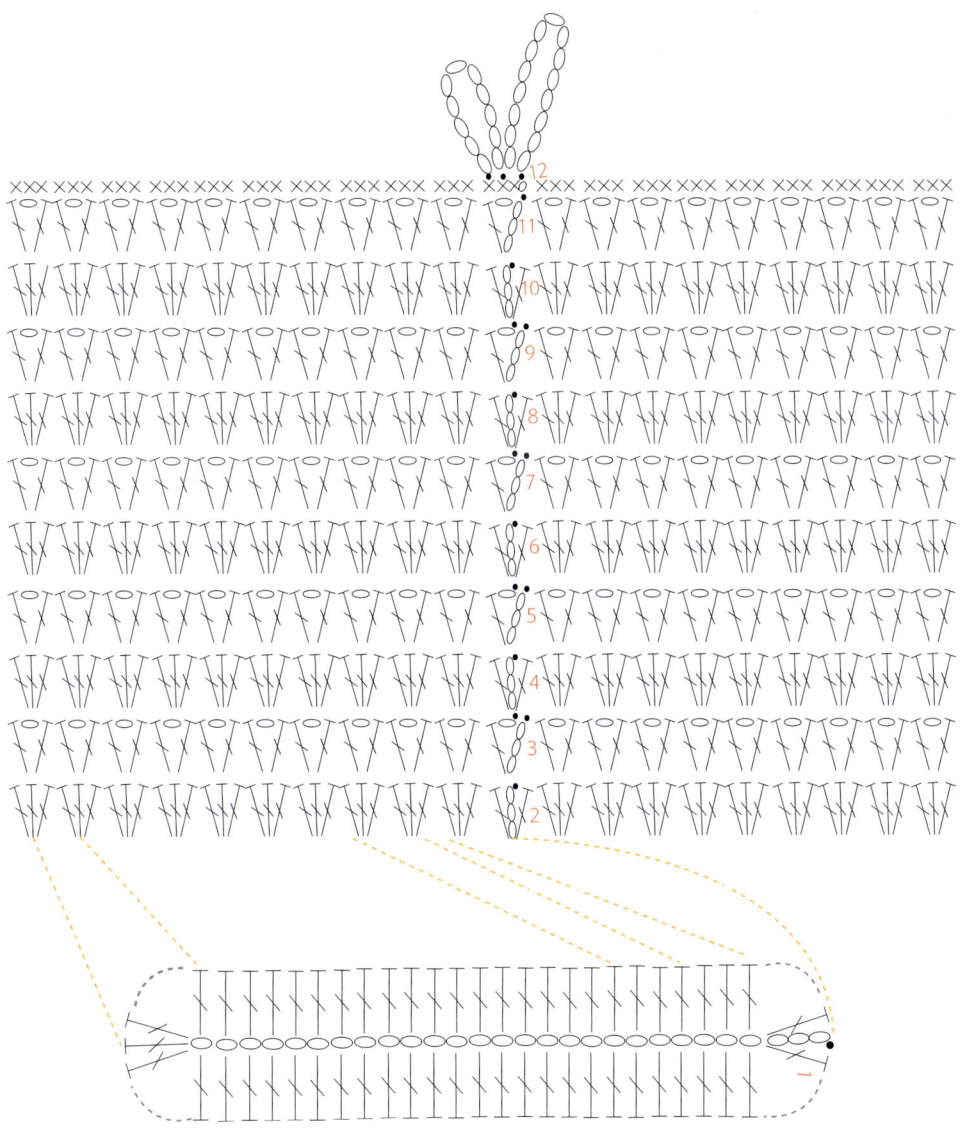

01 사슬뜨기 25개를 떠 주세요.

02 타원형으로 코늘림을 하면서 사슬 반대쪽 방향도 떠 주세요.(총 56코)

03 2단 기호 도안에 맞게 떠 주세요.(무늬 20개)

04 3단 기호 도안에 맞게 떠 주세요. 2~3단을 반복하여 11단까지 떠 주세요.

05 11단 사슬뜨기를 한 곳에 짧은뜨기를 3개씩 넣어 주세요.

06 사슬뜨기 15개를 뜬 후 빼뜨기해 주고, 사슬뜨기 12개를 한 번 더 해서 빼뜨기한 후 단단하게 고정시켜 고리를 만들어 주세요.

고미 수세미

난이도
○
○
●

완성 사이즈 가로 11cm×세로 11cm(귀 제외)
사용실 예고은 삼베실(3번 워싱 수세미실 2겹)
사용바늘 모사용 코바늘 6/0호(3.5mm)

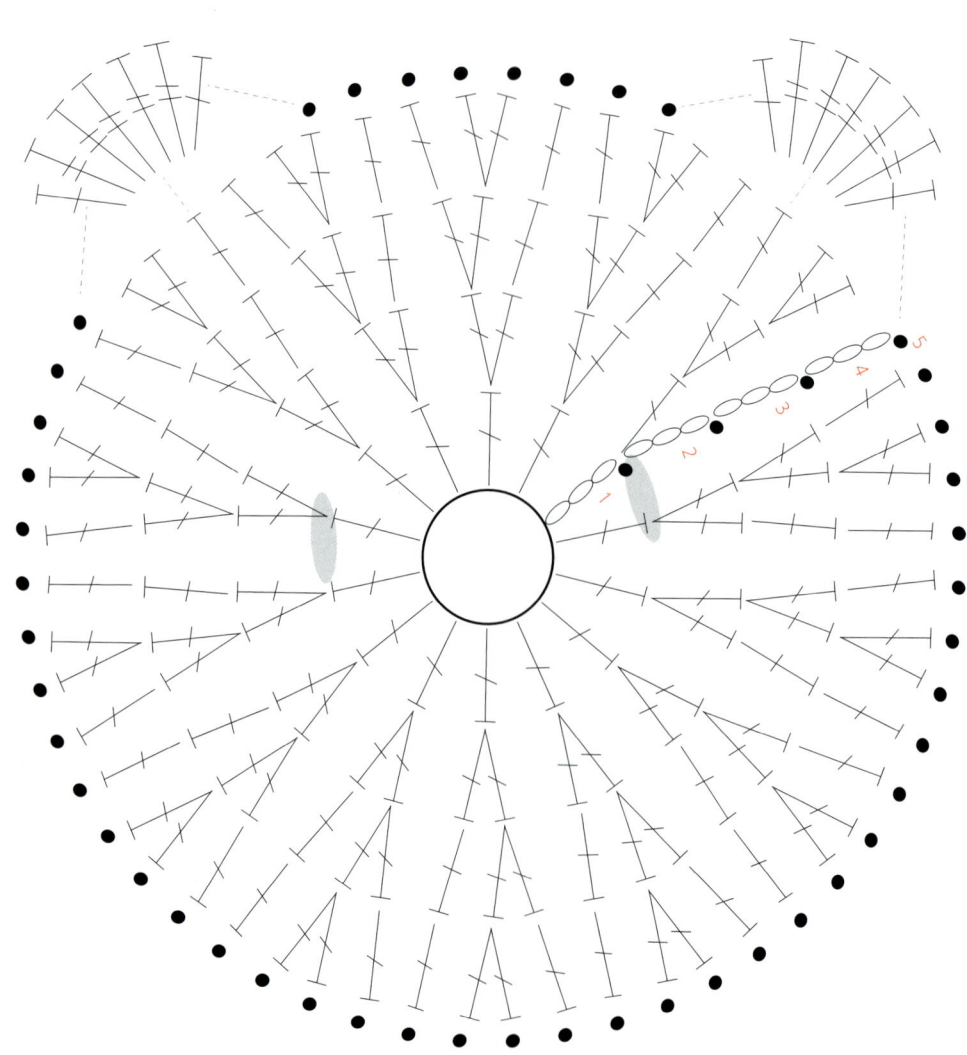

회색 부분은 눈 스티치 만드는 부분을 참고하세요.

01 매직링을 만들고 한길긴뜨기 14개를 떠서 원형을 만들어 주세요.

02 도안을 참고하여 4단까지 떠 주세요.

03 4단을 빼뜨기로 연결한 후 바로 귀 부분을 만들어 주세요.

04 오른쪽 귀를 만든 후에 빼뜨기를 8개 해 주고 연결해서 왼쪽 귀도 만들어 주세요.

05 5단 도안을 참고하여 빼뜨기로 한 바퀴 놀려 준 다음 마무리해 주세요.

06 섬은색 실로 눈 스티치를 해 주세요.

네모드림 수세미

난이도
○
●
●

완성 사이즈 가로 11cm×세로 14cm
사용실 예고은 삼베실(2번 코팅 수세미실 1겹)
사용바늘 모사용 코바늘 5/0호(3.0mm)

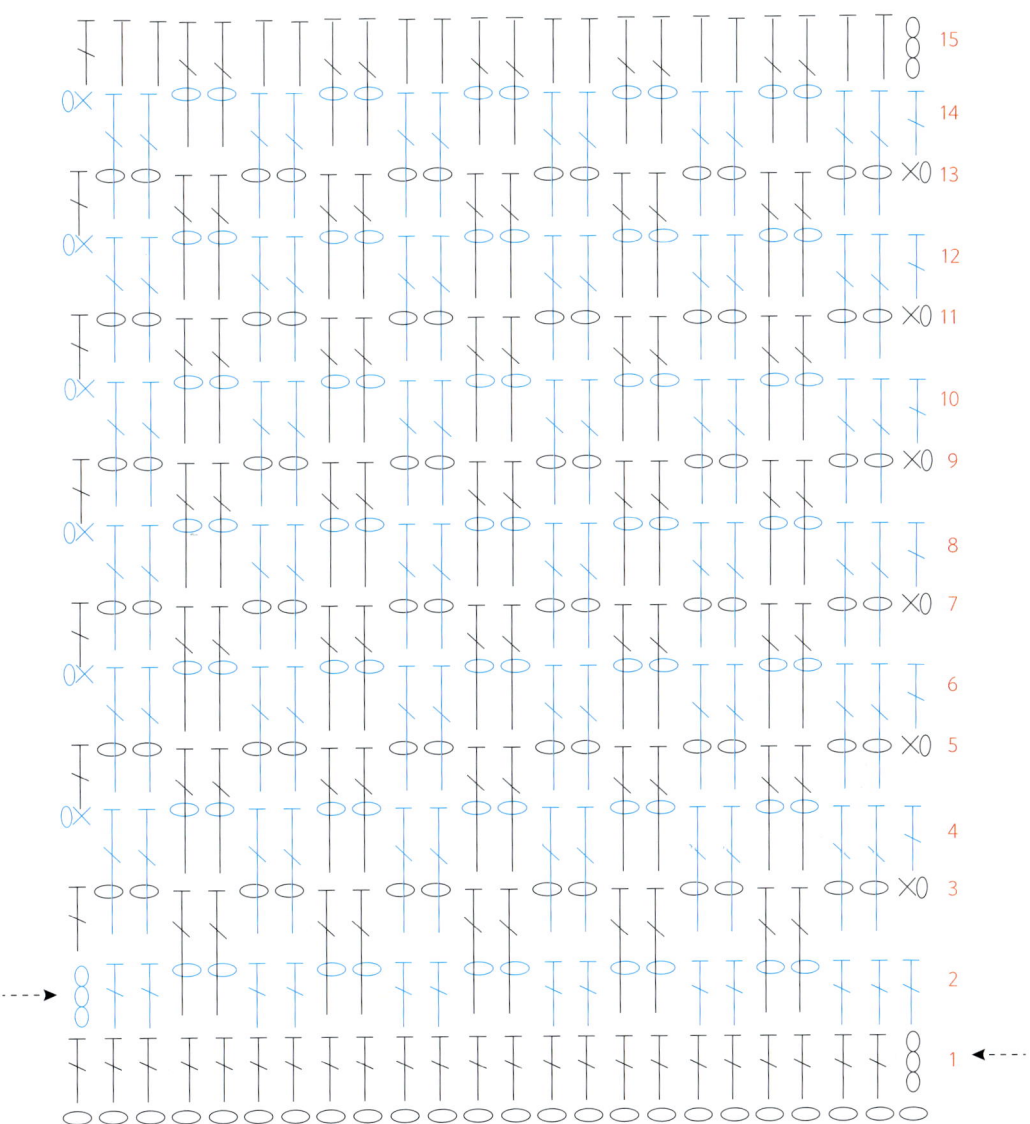

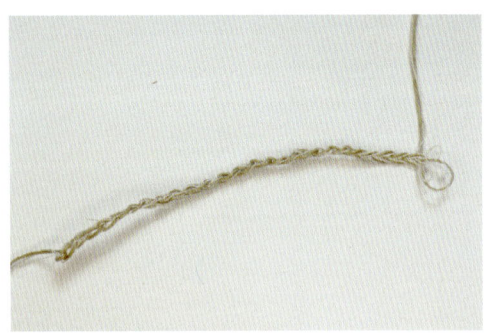

01 사슬뜨기 24개를 떠 주세요.

02 도안을 참고하여 한길긴뜨기 24개를 떠 주세요.

03 편물을 돌려 2단 기호 도안을 참고하여 떠 주세요.

04 편물을 돌려 3단 기호 도안을 참고하여 떠 주세요.

05 도안을 참고하여 15단까지 뜨고 마무리해 주세요.

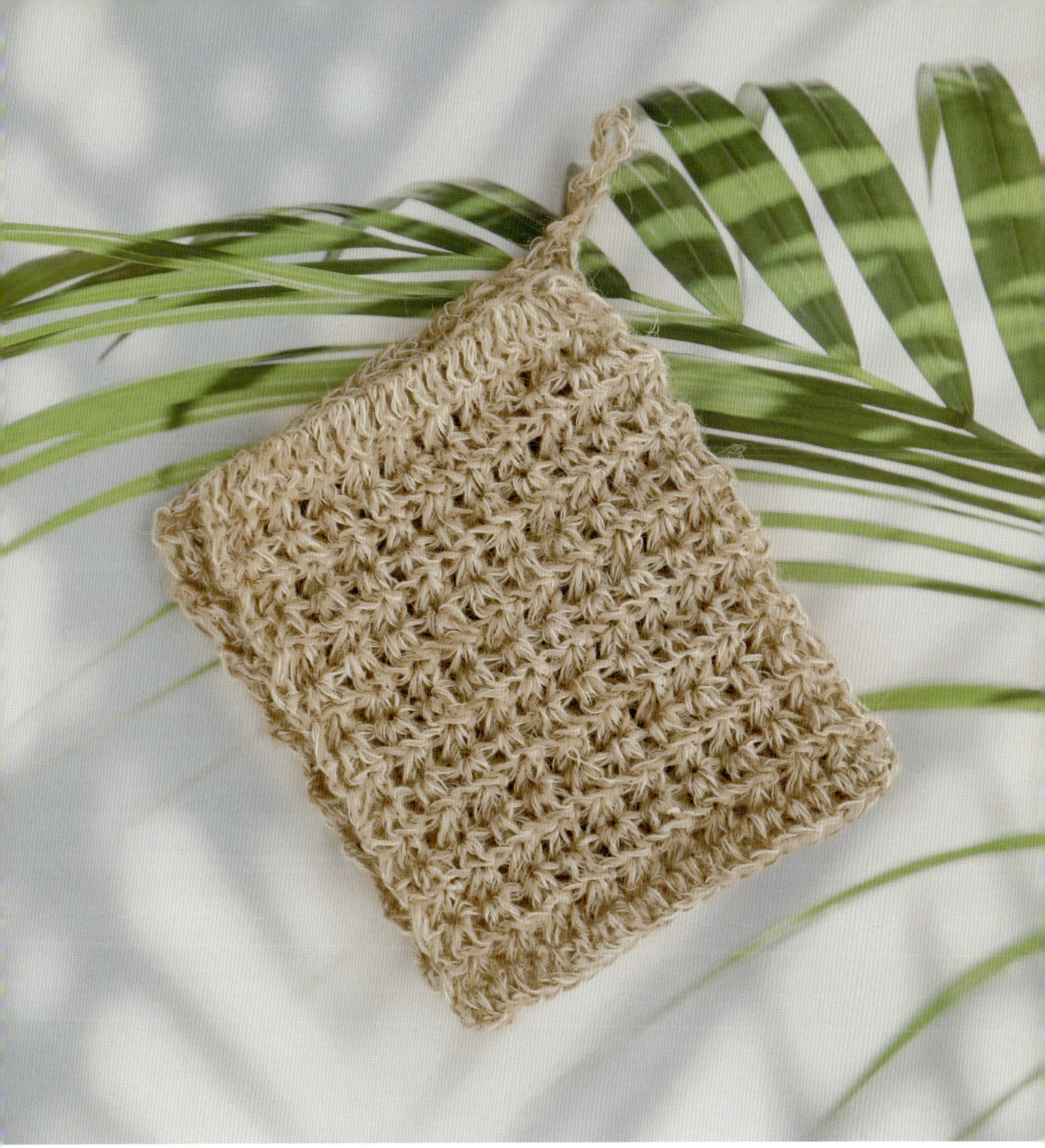

니꺼내꺼 수세미

난이도

완성 사이즈 가로 11cm×세로 13cm

사용실 예고은 삼베실(1번 수세미실 1겹)

사용바늘 모사용 코바늘 5/0호(3.0mm)

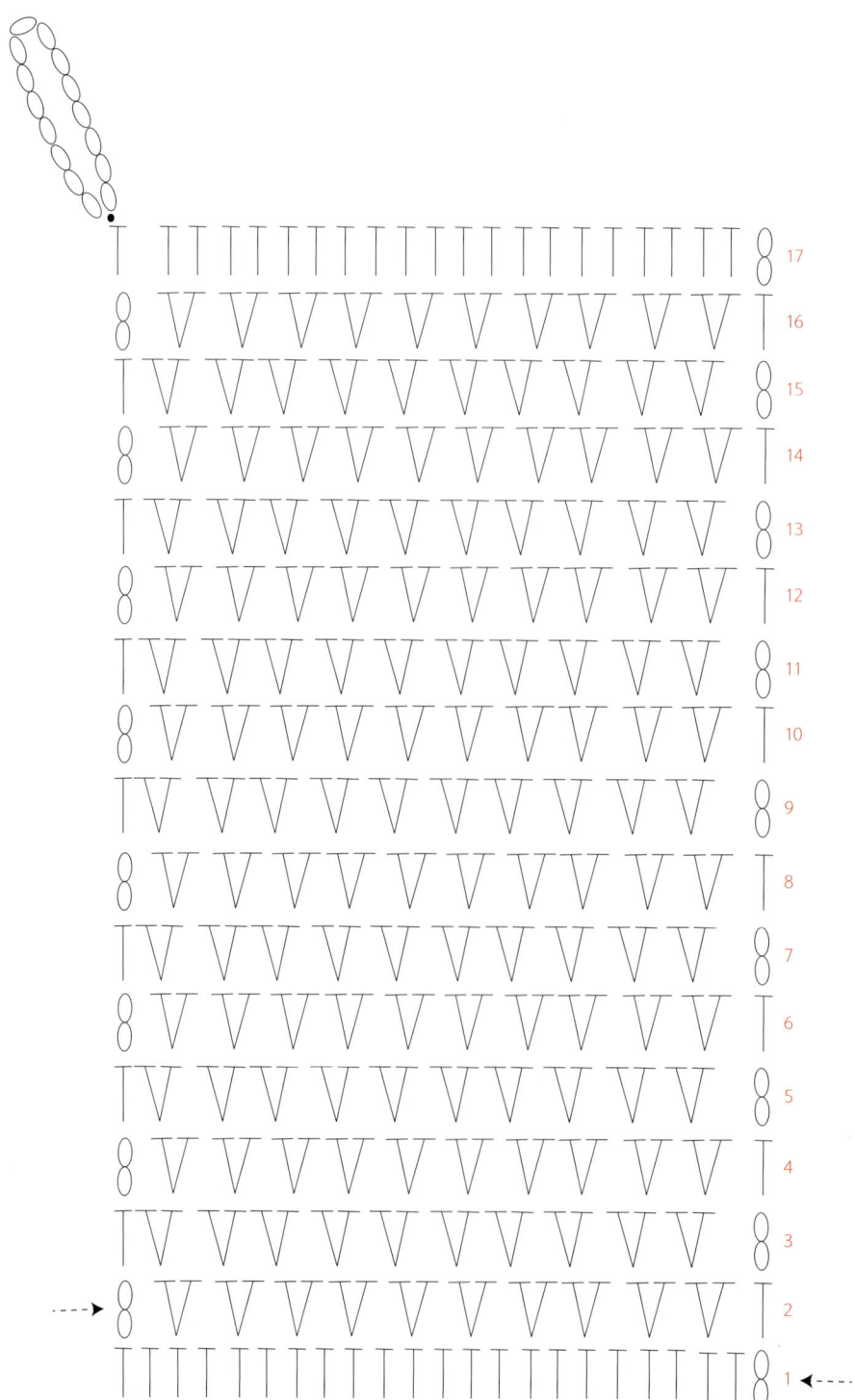

01 사슬뜨기 23개를 떠 주세요.

02 도안을 참고하여 긴뜨기 23개를 떠 주세요.

03 뜨개 방향을 바꿔 가며 떠 주세요. 도안을 참고하여 긴뜨기를 떠 주세요.

04 뜨개 방향을 바꿔 뒤이랑뜨기로 긴뜨기를 떠 주세요.

05 도안을 참고하여 16단까지 떠 주세요.

06 17단을 긴뜨기로 한 단 떠 주고 사슬뜨기 15개로 고리를 만들어 마무리해 주세요.

워시뽁뽁 수세미

난이도

완성 사이즈 가로 11cm × 세로 11cm
사용실 예고은 삼베실(3번 워싱 수세미실 2겹)
사용바늘 모사용 코바늘 8/0호(5.0mm)

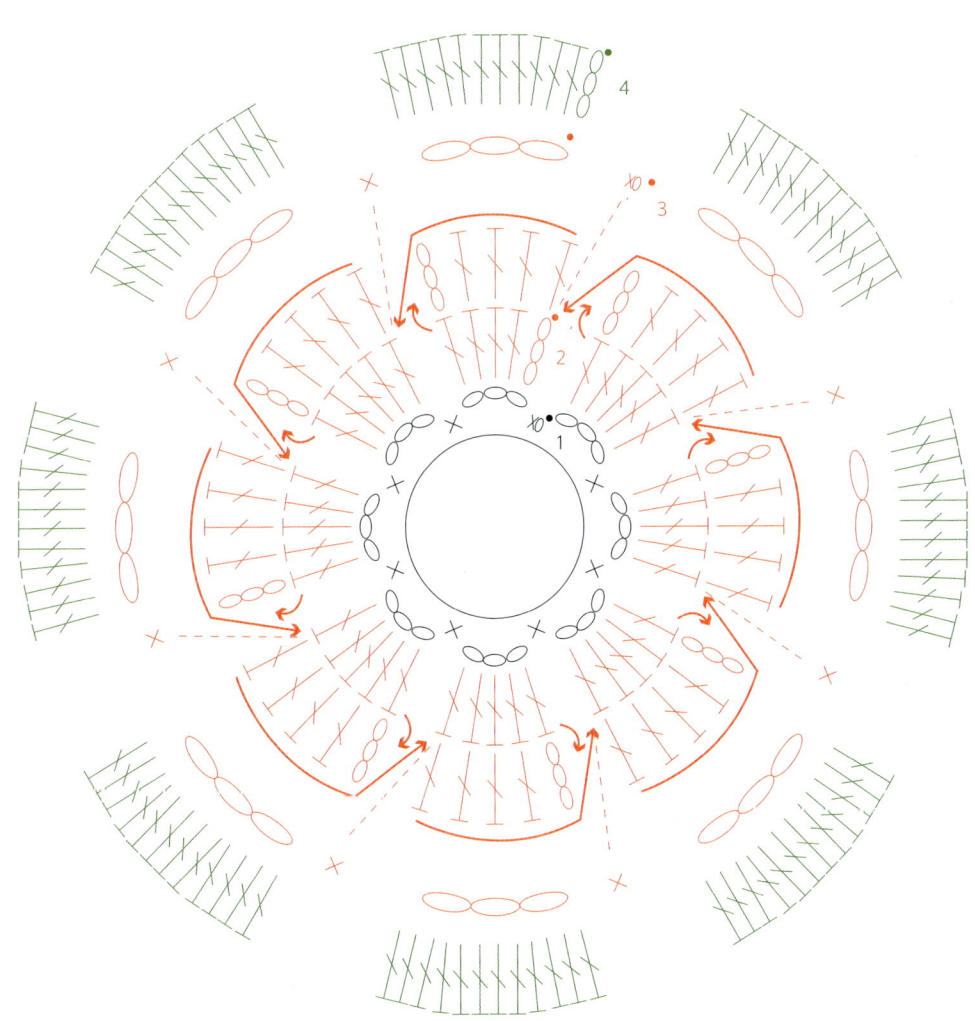

01 매직링을 만들고 (짧은뜨기 1, 사슬뜨기 3)을 8번 반복해 주세요.

02 1단 사슬뜨기 3개를 한 곳에 한길긴뜨기 5개를 떠 주세요.

03 도안을 참고하여 떠 주세요. 뜨개 방향을 바꿔 한길긴뜨기를 뜬 윗부분에 한길긴뜨기 5개를 떠 주세요.

04 왼쪽에서 오른쪽으로 도안을 참고하여 떠 주세요.

05 도안을 참고하여 3단 위치를 확인하면서 떠 주세요.

06 4단 도안을 참고하여 한길긴뜨기 12개를 뜬 후 마무리해 주세요.

알콩달콩 수세미

난이도

완성 사이즈 가로 11cm×세로 11cm
사용실 예고은 삼베실(6번 블랙 삼베실 2겹)
사용바늘 모사용 코바늘 6/0호(3.5mm)

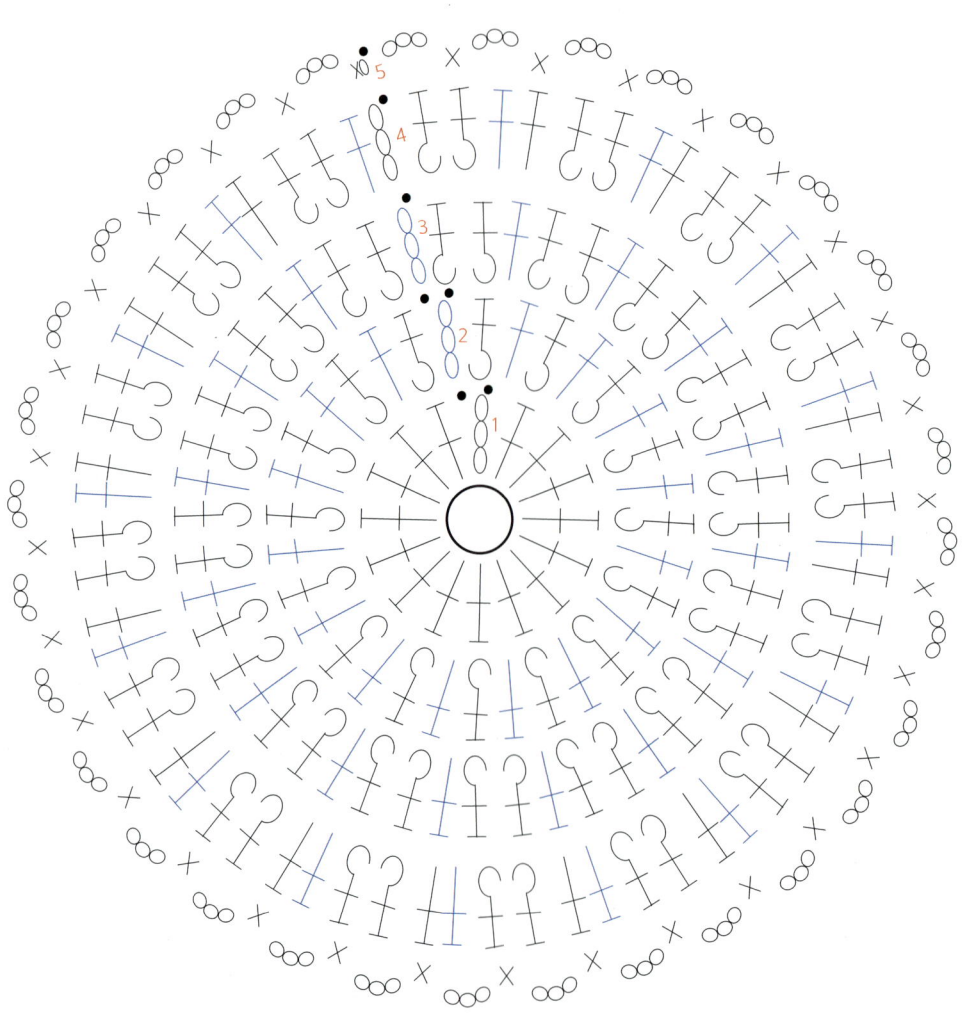

￦ 파란색 기호 도안은 고랑뜨기로 떠 주세요.

01 매직링을 만들고 한길긴뜨기 16개를 떠 주세요.

02 도안을 참고하여 고랑에다 한길긴뜨기를 떠 주세요.

03 도안을 참고하여 3단을 떠 주세요.

04 4단은 많이 헷갈릴 수 있으니 기호 도안을 잘 살펴보면서 떠 주세요.
*파란색 한길긴뜨기 부분은 고랑뜨기로 떠 주세요.

05 도안을 참고하여 5단을 떠 주세요. 짧은뜨기 1개, 사슬뜨기 3개를 반복해서 떠 준 다음 마무리해 주세요.

아랑여랑 수세미

난이도
○
●
●

완성 사이즈 가로 8cm×세로 13cm

사용실 예고은 삼베실(1번 수세미실 1겹)

사용바늘 모사용 코바늘 5/0호(3.0mm)

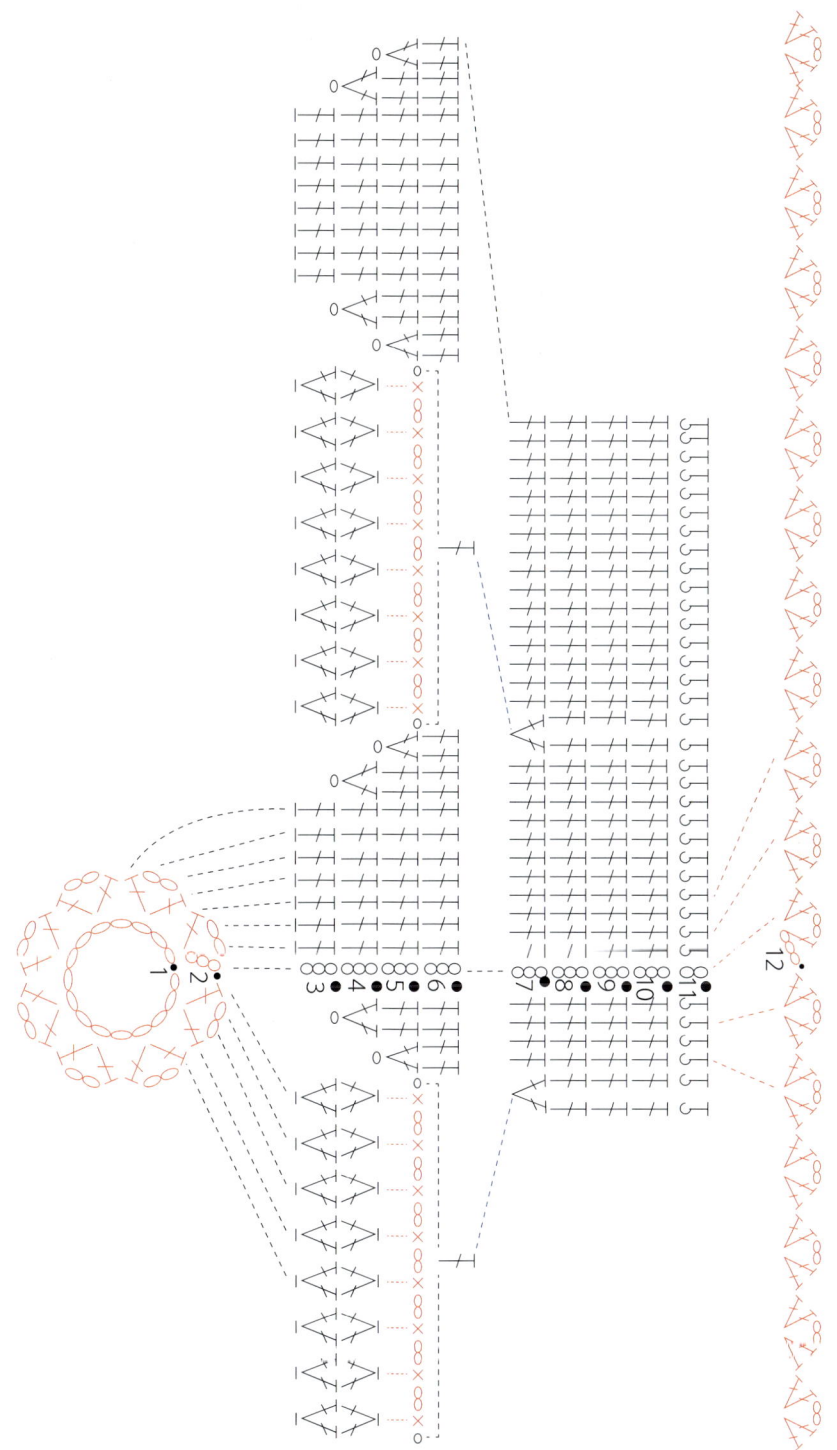

01 20cm 정도의 실을 남겨 두고, 사슬뜨기 16개를 한 후 첫코에 빼뜨기해 주세요.

02 도안을 참고하여 2단을 떠 주세요. 3단은 이랑 뜨기로 떠 주고 소매 부분은 코를 늘려 주세요.

03 도안을 참고하여 4단을 떠 주세요. 소매 부분은 3단 코늘림한 부분에서 2코 모아뜨기로 코를 줄여 주세요.

04 도안을 참고하여 5~6단을 떠 주고, 6단 소매 부분은 반으로 접어 사슬 있는 곳에 한길긴뜨기를 떠 주세요.(총 36코)

05 도안을 참고하여 7~10단을 떠 주고, 11단은 뒤걸어긴뜨기로 떠 주세요. 12단 프릴 부분은 11단 뒤걸어긴뜨기한 곳에 도안을 참고하여 떠 주세요.

06 처음 남겨 둔 실 20cm로 사슬뜨기 15개를 해서 고정시키고 마무리해 주세요.

해피모아 수세미

난이도
● ● ●

완성 사이즈 가로 9cm×세로 12cm
사용실 예고은 삼베실(1번 수세미실 1겹)
사용바늘 모사용 코바늘 5/0호(3.0mm)

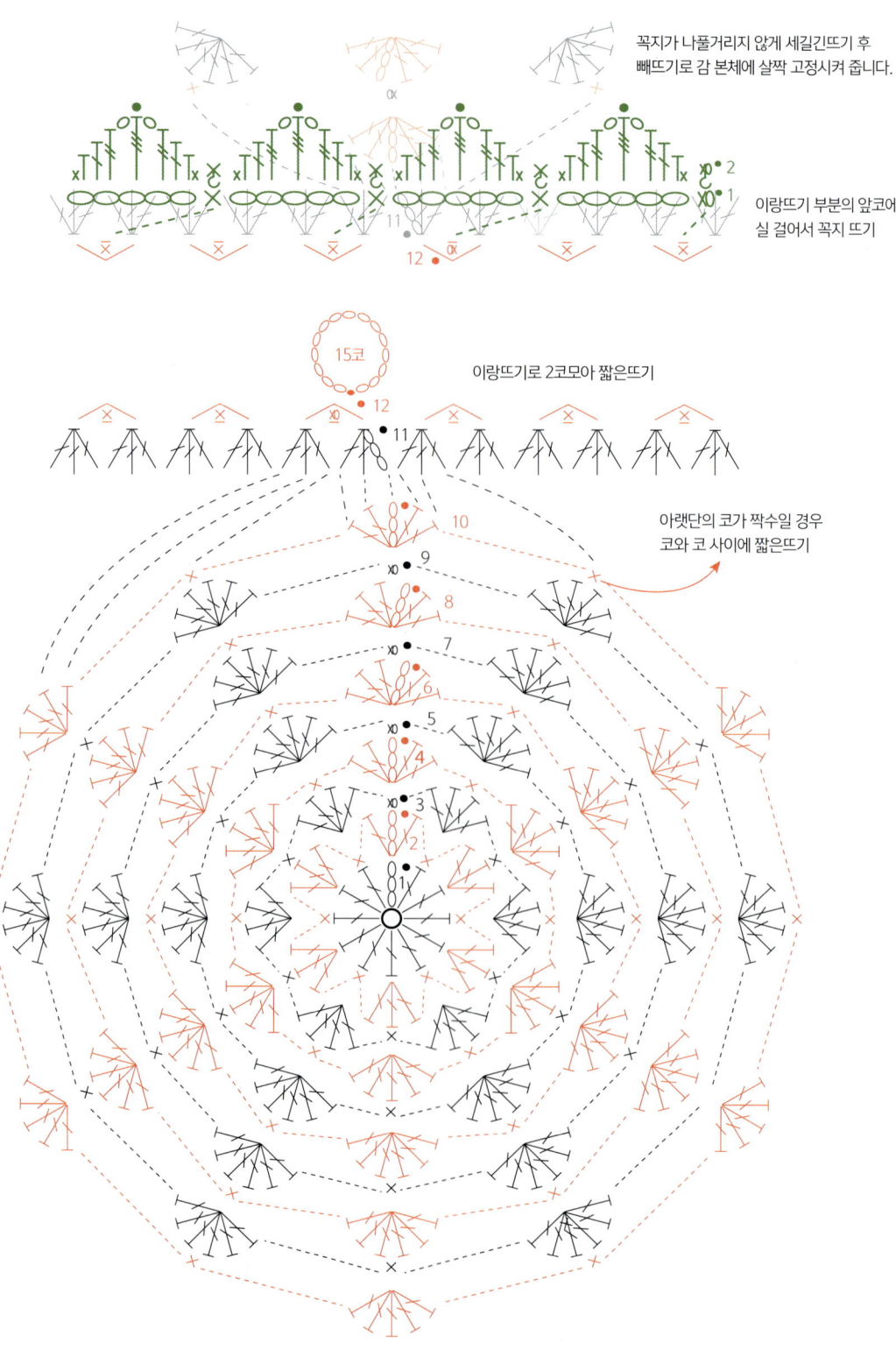

꼭지가 나풀거리지 않게 세길긴뜨기 후
빼뜨기로 감 본체에 살짝 고정시켜 줍니다.

이랑뜨기 부분의 앞코에
실 걸어서 꼭지 뜨기

이랑뜨기로 2코모아 짧은뜨기

아랫단의 코가 짝수일 경우
코와 코 사이에 짧은뜨기

15코

01 매직링을 만들고 한길긴뜨기 12개를 떠 주세요.

02 도안을 참고하여 10단까지 떠 주세요.

03 11~12단 도안을 참고하여 코를 줄여 주고 사슬 뜨기 15개로 고리를 만들어 주세요.

04 도안을 참고하여 초록색 부분 이파리를 떠 준 다음 마무리해 주세요.

손모아 수세미

난이도
○
●
●

완성 사이즈 가로 9.5cm×세로 11cm
사용실 예고은 삼베실(1번 수세미실 1겹)
사용바늘 모사용 코바늘 5/0호(3.0mm)

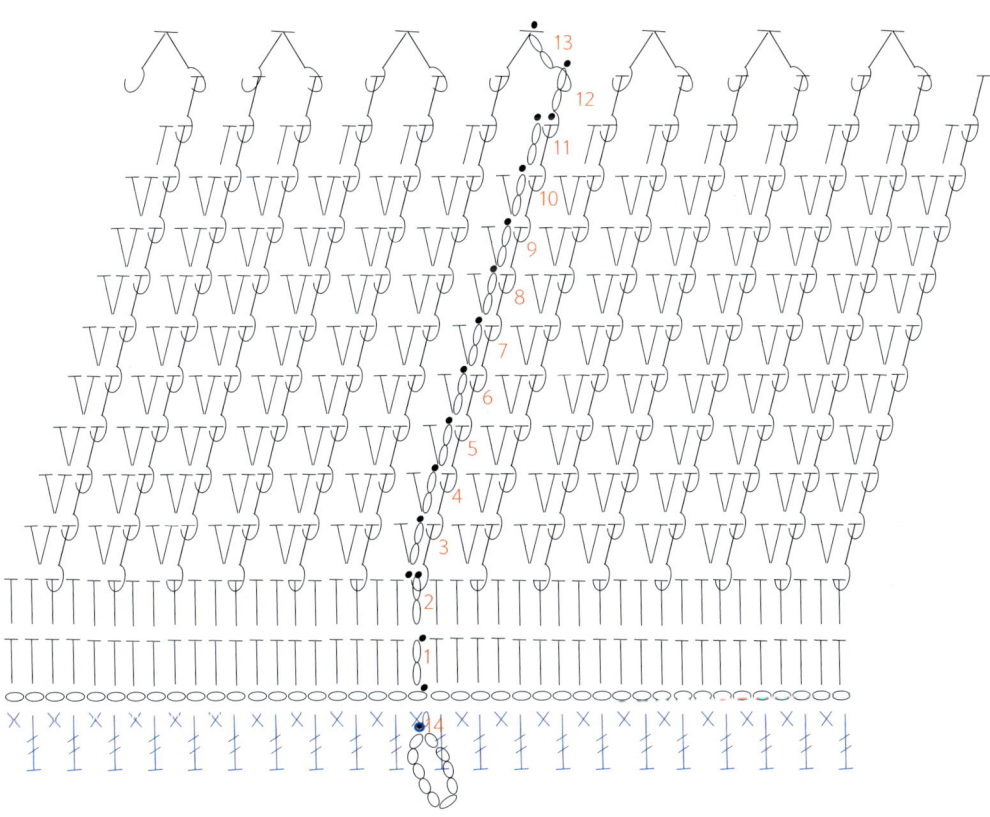

01 사슬뜨기 42개를 하고 첫코에 빼뜨기해서 원형을 만들어 주세요.

02 도안을 참고하여 2~3단을 긴뜨기로 떠 주세요.

03 도안을 참고하여 3~10단까지 떠 주세요. *앞걸어긴뜨기는 기둥에 걸어 떠 주고 긴뜨기는 고랑에 떠 주세요.

04 도안을 참고하여 11~13단까지 코를 줄여 주고 실을 잘라 마무리해 주세요.

05 14단은 시작 부분 사슬뜨기를 한 곳에 실을 걸어 도안을 참고하여 떠 주고, 사슬뜨기 15개로 고리를 만들어 주세요.

꼬까신 수세미

난이도

완성 사이즈 가로 6cm×세로 15cm
사용실 예고은 삼베실(1번 수세미실 1겹)
사용바늘 모사용 코바늘 5/0호(3.0mm)

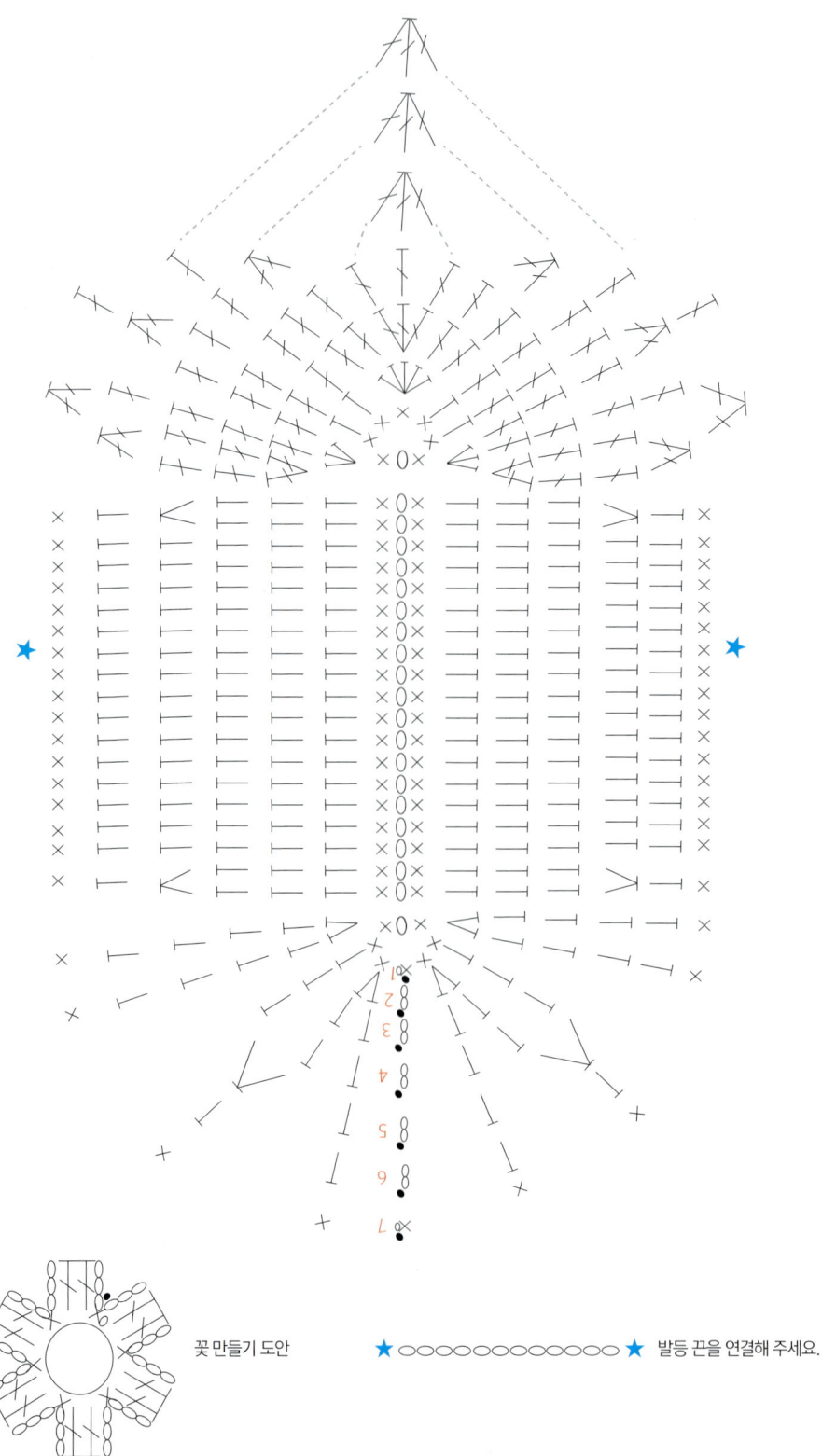

꽃 만들기 도안 ★ ○○○○○○○○○○○○○ ★ 발등 끈을 연결해 주세요.

01 사슬뜨기 21개를 하고 1단 짧은뜨기를 양면으로 떠 주세요. 양 옆에는 짧은뜨기 7개를 넣으면서 코늘림해 주세요.

02 도안을 참고하여 코줄임 부분을 확인하면서 떠 주세요.

03 7단까지 완성한 모습이에요. 코늘림과 코줄임이 많은 수세미예요. 도안을 참고하여 천천히 떠 주세요.

04 사슬뜨기 12개를 떠서 발등 부분에 연결해 주세요. ★부분을 참고해 주세요.

05 꽃 만들기를 해 주세요. 매직링에 도안을 참고하여 뜨고 실을 넉넉하게 잘라 주세요.

06 돗바늘을 이용하여 꼬까신 발등 부분에 꽃을 꿰매 주세요.